Chroniques des territoires

David Chanteranne

Chroniques des territoires

Comment les régions ont construit la nation

PASSÉS/COMPOSÉS

ISBN : 978-2-3793-3702-4
Dépôt légal – 1re édition : septembre 2023

170 bis, boulevard du Montparnasse, 75680 Paris cedex 14

Sommaire

Chroniques des territoires

Avertissement

Pour le confort de la lecture, nous avons choisi de rédiger ce livre sans notes de bas de page. Toutes les citations du texte sont issues d'ouvrages référencés et classés par chapitre à la fin de l'ouvrage.

Le glaive et le sablier

Dans l'histoire - plus encore celle de notre pays - souvent paradoxe n'est qu'apparent. La nation française s'est en effet progressivement construite, non au gré des régimes, mais à la suite de guerres successives ayant forgé son unité. Car aussi étrange que cela puisse paraître parfois, sans les perpétuelles luttes territoriales, engagées à l'encontre ou par des voisins à l'affût de la moindre parcelle, voire lorgnant sur le trône laissé vacant, les périodes les plus anciennes n'auraient sans doute pas forgé une puissance royale, impériale puis républicaine aussi aboutie. Les combats militaires engagés pour la défense des frontières, les velléités expansionnistes de certains princes ou d'ambitieux généraux, la conscience collective qui s'empara du pays pendant plus de quinze siècles ont affermi notre conscience collective.

Tout cela n'a été rendu possible que par l'engagement de personnalités hors du commun. Ces rencontres, entre le destin de quelques hommes ou femmes et leur pays ont aussi servi à leurs contemporains, selon leur niveau et leur degré personnel d'engagement, de cimenter leurs convictions. Phares éclairants tout autant que chefs charismatiques, ils ont aggloméré autour d'eux ce qu'aucun autre n'eût accompli sans la débauche d'énergie déployée en ces instants cruciaux.

Les chapitres de cet ouvrage réunissent certains de ces moments, parmi les plus importants, siècle après siècle. Par des origines différentes, des raisons diverses et des lieux sans lien apparent, ils forment un fil d'Ariane ininterrompu.

Aucune exhaustivité dans cette sélection. Juste nourrie au gré de visites et de rencontres, mais aussi des nombreuses analyses proposées par les spécialistes régionaux, les travaux d'érudits et universitaires.

Les découvertes archéologiques, l'exégèse des archives et les analyses comparatives constituent, on le sait, trois des piliers de la science historique. En combinant le produit de ces recherches avec le contexte à la fois politique, économique et social de la période concernée, le matériau obtenu apporte son lot de révélations.

L'étudiant en histoire face à son maître, l'amateur de vieilles pierres vis-à-vis de sa passion, le spécialiste à l'affût de l'information inédite se satisfont de ces instants privilégiés qui les autorisent à s'imprégner de leur commune passion. Mais un récit, s'il est construit, peut seul embarquer le lecteur à sa suite et révéler les multiples détails qui le composent. Que le statisticien se laisse gagner par ses chiffres, le géographe par ses cartes, l'historien d'art par ses images, et sera toujours oubliée une strate importante, une dimension indispensable que la plus attentive synthèse ne parviendra jamais à rendre tout à fait. Au milieu de ces données, il manquera l'émotion. Celle qui gagne le promeneur devant un parterre de tournesols aux soirs d'été, étreint le visiteur à la croisée du transept d'une cathédrale. Celle que peut ressentir un touriste devant un château, au pied d'un palais, non loin d'un hôtel particulier lorsqu'il déambule dans le cœur d'une cité aux constructions multiséculaires.

Cet ouvrage est tout cela à la fois. Depuis plus de trente ans, souvent à l'occasion de conférences, d'invitations, de visites touristiques, il nous a été permis de nous imprégner de cette épopée. Nos rencontres avec d'enthousiastes interlocuteurs ont abouti à la découverte de pans méconnus, à travers un moment ayant « construit » notre récit commun.

Les pages qui suivent n'ont pour autre ambition que de rassembler, en de courts chapitres, une suite d'épisodes indépendants et pourtant complémentaires, portés par des personnalités de premier plan en de hauts lieux d'histoire. L'ensemble, réuni et mis bout à bout, forme la toile idéale de nos épisodes nationaux les plus structurants.

Choix aléatoires, formulations partielles, sélections partiales sont assumés. Nos actuels héritages en sont le produit, rappels des sacrifices consentis par nos aïeux communs.

L'on constatera surtout, au regard des instants exposés, la place relative accordée à Paris. Il faut se souvenir que les périodes les plus anciennes n'avaient pas encore abouti à une centralisation administrative, ni à une concentration d'institutions comme tel est aujourd'hui le cas. Si certains lieux traversés ont aujourd'hui perdu de leur rayonnement, leur rendre la part qui leur revient n'est que justice.

Ce livre de chroniques, florilège personnel, constitue un panthéon idéal. Mieux : un historial composite. Paul

Verlaine, dans *Cauchemar*, a parfaitement résumé ce sentiment mêlé qui nous a emporté :

J'ai vu passer dans mon rêve
– Tel l'ouragan sur la grève, –
D'une main tenant un glaive
Et de l'autre un sablier,
Ce cavalier.

Chevauchons donc, aux côtés de cette mystérieuse estafette, à travers les chemins escarpés, les ruelles étroites et les vastes champs de bataille, pour nous imprégner de cette part d'éternité. La redécouverte de notre patrimoine, tant bâti qu'immatériel, s'offre par ces sites qui ne demandent qu'à révéler leurs ultimes trésors. Des mystères enfouis et essentiels, dont cette promenade invite à exhaler les parfums.

CHAPITRE 1

Les Phocéens s'installent à Marseille

Lorsque le promeneur quitte le Vieux-Port de Marseille pour se rendre à Notre-Dame de la Garde, il est souvent surpris par le fort dénivelé qu'il lui faut affronter.

Dans la vision que possèdent les touristes de la ville, celle-ci reste en effet souvent associée à la mer et aux aménagements portuaires réalisés par l'homme, moins à ses éléments escarpés. Mais lorsque le temps le permet, ce pèlerinage se transforme en révélation. Des hauteurs de la colline, on domine les environs. Le château d'If, associé au souvenir du comte de Monte Cristo, la cathédrale Major avec ses ornements néobyzantins et le récent Mucem égrènent leurs vastes silhouettes se détachant de l'azur, entre ciel et mer.

Il est surtout un quartier, parmi les nombreux que compte la cité, qu'il convient de découvrir : Saint-Victor. Seule la tradition des fameuses navettes à la fleur d'oranger la rappelle au bon souvenir des curieux. Sait-on que cette auguste recette, qui consiste à créer des gâteaux à la Chandeleur en forme de barques, tire son origine de son histoire maritime ? Selon la légende, au Ier siècle, une barque aurait transporté jusqu'au rivage provençal Lazare, Marthe, Marie-Madeleine et ses deux sœurs Jacobé et Salomé, ainsi que Sarah leur servante,

Maximin, Sidoine, Joseph d'Arimathie « et d'autres disciples de Jésus, bannis de la Terre sainte pour avoir prêché la nouvelle religion chrétienne ».

Cette référence navale se double d'une autre, beaucoup plus ancienne : celle de la création de la ville, il y a plus de 2 600 ans.

*

En 599 avant J.-C. – date que confirment Timée et Tite-Live, attestant de cet événement autour du règne de Tarquin l'Ancien –, Marseille n'est encore qu'un modeste port. On y accueille de rares embarcations. À cette époque, les seuls habitants sont fixés dans l'actuel quartier du Panier. Situés dans la calanque, ils sont à l'abri des invasions ayant tendance à se multiplier.

Depuis le Mésolithique puis surtout l'âge du Bronze, plusieurs zones d'occupation de populations sont marquées, plus précisément à La Tourette et Saint-Marcel, mais c'est en ces lieux que la rencontre s'apprête à changer la donne. Une expédition, venue d'Ionie, va en effet donner un tour nouveau à cette lente évolution, promesse assurée d'une ambition nouvelle.

Ces Phocéens constituent l'une des plus dominantes populations sur les mers européennes. Placée en Asie Mineure, entre Éolide, Lydie et Ionie, cette thalassocratie est née d'une triple influence : la puissance politique de la vaste Pergame, les avantages stratégiques de Chios, la puissance commerciale de Smyrne. Dominant les terres proches d'Éphèse et placée sous influence de l'oracle de Delphes, elle a vu sa communauté s'enrichir de groupes d'Athéniens et de Phocidiens dès sa fondation au Xe siècle avant notre ère. Sa prospérité provient essentiellement de sa neutralité au cours des guerres médiques, une situation qu'elle a maintenue en dépit des demandes réitérées de ses concurrents comme les Perses ou les Cimmériens au VIIe siècle.

Grands navigateurs, les Phocéens engagent dès lors une vaste politique d'emporia (formes de comptoirs commerciaux), et ce dans différentes directions. En particulier, et si l'on se réfère à Hérodote, dans le golfe Adriatique, la Tyrrhénie, l'Ibérie et Tartessos. Pour assurer une situation plus importante dans l'arc méditerranéen, qu'ils cherchent par tous les moyens à contrôler, deux escales sont fondées en Catalogne et en Andalousie, avant de pouvoir envisager de nouvelles créations.

L'arrivée de ces marchands dans l'actuelle région provençale, sous la direction d'un dénommé Protis, est, selon la tradition, provoquée par une tempête. Cherchant refuge et tombés sous le charme du Lacydon d'alors, ils multiplient les échanges, tentent de prendre attache à proximité et finissent par s'installer. Ils ne repartiront pas.

Pour bien fixer leur situation, une concession de territoire est demandée au maître des lieux, un certain Mann (que les Grecs appellent Nannos) : roi des Ségobriges, sa peuplade d'origine celto-ligure est attestée dans la région depuis plusieurs millénaires.

Si l'on suit encore la légende, c'est au cours d'une cérémonie que la fille du monarque, prénommée Tectosages – qui sera rebaptisée « Gyptis » par la peuplade hellène pour la blancheur de sa peau –, portant alors une grande amphore sous le bras, aurait servi une coupe pleine d'eau à celui qu'elle avait élu comme prétendant. Le choix se serait naturellement porté sur le chef des Phocéens.

C'était un signe. L'oracle de Delphes n'avait-il pas engagé les compagnons de voyage à se fixer en cette terre ?

En réalité, l'histoire semble plus complexe qu'il n'y paraît. Comme le confirment plusieurs restes archéologiques et des tessons d'amphores découverts sur de multiples chantiers de fouilles, le premier passage des troupes a, en réalité, été dirigé par un autre Phocéen, prénommé Euxène. La petite colonie devenant plus puissante au fil des ans, elle aurait ensuite été affermie par la venue de deux frères, Simos et le fameux Protis. Constatant alors la place prise par cette communauté dans son entourage, le roi local n'aurait eu d'autre choix que d'offrir la main de sa fille pour se maintenir sur le trône. La forme d'échange bien connue sous le nom de *prexis* se serait instaurée, entre commerce, piraterie et hospitalité combinés.

La suite est connue. Plusieurs conflits se déclarent, certaines tribus contestant la décision du roi de les dépouiller de leurs côtes et, par là, du produit de la pêche. Il faut en réalité attendre la chute de la cité-mère de Phocée, vers 545-542, pour que de nouveaux navires, chargés de populations contraintes à l'exil, s'arriment en ville et prêtent main-forte à leurs anciens camarades installés sur les rives de la Méditerranée.

La lutte engagée par le successeur de Mann, prénommé Cauman, cherche alors à déloger ces puissants migrants, qui n'ont plus à déplorer de véritables concurrents dans les environs. Devenu roi à son tour, vexé que sa sœur ait été offerte à un étranger avec « une parcelle de son territoire », Cauman jure « la destruction de la nouvelle cité phocéenne et l'extermination de ses habitants ». Comme le rappellent les chroniqueurs, « c'est qu'en effet déjà Massalia avait grandi et s'était développée considérablement. Des constructions nombreuses s'étaient élevées sur les rives du Lacydon, et un temple magnifique avait été érigé en l'honneur de la grande déesse, Diane d'Éphèse, sous la protection de laquelle les Massaliotes avaient placé leur ville ».

Le drame se noue. Profitant des festivités organisées en l'honneur de la déesse Flore, qui obligent de laisser les portes de la ville ouvertes, le chef des Ségobrigiens lance ses troupes qui ont dissimulé des armes sur eux. Une seconde vague d'assaillants est prête à intervenir pour mener « le sac de la ville et exterminer ses habitants ». Mais, une fois encore, la tradition rapporte que l'amour pour un Massaliote d'une jeune Ségobrigienne, parente de Cauman, aurait déjoué les plans :

> Mise au courant du complot, ourdi par ses compatriotes, elle s'effraya du danger qu'allait courir son amant et de la mort qui, sans doute, l'attendait ; aussi, essaya-t-elle d'abord de le décider à quitter la ville et à fuir avec elle vers une autre contrée. Mais ne pouvant parvenir à vaincre la résistance de son amant, qui ne s'explique point ce caprice, elle lui dévoile le complot qui menace Massalia et ses habitants. Celui-ci s'empresse d'informer les chefs de la cité du projet des Ségobrigiens et aussitôt toutes les mesures sont prises pour le déjouer. Le jour de la fête étant arrivé, les Ségobrigiens pénètrent dans la ville, cachant leurs armes sous des charrettes et en des lieux qu'ils croient sûrs, puis viennent se mêler aux réjouissances, attendant la nuit pour accomplir le plan conçu par Cauman. Mais, à un signal donné, les Massaliotes se jettent sur les Ségobrigiens. Ceux-ci courent chercher leurs armes ; elles ont disparu, Et bientôt ceux qui devaient être les exterminateurs sont

exterminés à leur place. Se portant ensuite vers la plaine où Cauman et sa troupe se cachaient, attendant le moment propice pour pénétrer à leur tour dans la ville, les Massaliotes les assaillent avant qu'ils aient le temps de se défendre et les massacrent sans pitié jusqu'au dernier.

Les questions de prééminence et domination réglées, le commerce avec les peuples basés le long du fleuve Rhoda (Rhône) peut s'instaurer. Afin de mieux régir les activités, une constitution est décrétée, prise sur le modèle de la ville mère de Phocée et permettant à la nouvelle république d'être administrée par une chambre de commerce dite *Boulè,* avec des magistrats pour l'exécutif appelés *timoukhoi,* ce qui signifie « gens dans les honneurs ».

On retrouve naturellement, parmi les prospections entreprises, de multiples espaces de production de vaisselle et d'amphores. Toute la Gaule, dès lors, se voit solliciter par ces marchands qui diffusent abondamment leurs produits le long de la vallée du Rhône puis, par extension, à travers les autres axes de commerce liés au vin et à ses dérivés.

Au même moment, quelques colonies se fixent, notamment en Corse à Alalia. Strabon précise :

> Plus tard, les Massaliotes acquirent la force et le courage pour conquérir quelques-unes des plaines alentour, déployant la même puissance qu'ils avaient mise pour fonder aussi les villes [*poleis*], bastions avancés [*epiteikhismata*], les unes du côté de l'Ibérie face aux Ibères, auprès desquels ils introduisirent le culte de leur patrie à Artémis d'Éphèse, au point d'être célébré en grec, Rhoè Agathè face aux barbares qui habitent autour du Rhône, Tauroention

(Tauroeis), Olbia, Antipolis et Nikaia face au peuple des Salyens et aux Ligyens qui tiennent les Alpes.

Massalia domine le paysage économique. L'appellation même de la cité qui deviendra ensuite Marseille provient, selon certains, des temples et autels dédiés à Mars. L'association solaire « Mars-Hélios » s'étant confondue avec le temps, son nom rappelle aussi que la fille du roi avait offert une corne d'abondance « remplie de vin », produit du soleil s'il en est. La légende reste belle. Là s'arrête le mythe.

La suite n'est qu'une succession de heurts. Prise en 49 avant notre ère par les troupes du légat Trébonius qui en dirige le siège pour le compte de Jules César, Marseille tombe dans le vaste filet de la romanité. Son particularisme grec, même s'il se maintient par certaines appellations ou toponymies, tend à disparaître, finissant par n'être qu'un lointain souvenir au temps des grands comptoirs italiens de la *Mare nostrum*. Elle gagne néanmoins en puissance après les tentatives de soulèvement pendant les deux guerres puniques, devenant l'une des plus prospères cités de la Gaule, mais la christianisation de l'Empire romain, où elle perd la prééminence au profit d'Aix, la fait retomber dans un relatif anonymat. Ce qu'elle gagne en édifices cultuels, dont le sanctuaire de Saint-Victor et la basilique de la rue Malaval, elle le perd en influence. En proie aux invasions et aux conflits, elle se maintient dans le royaume franc par la reprise de Charles Martel en 738. Placée sous l'autorité des vicomtes de Bourgogne à la fin du Xe siècle, la ville redevient française au temps des croisades, sa position privilégiée autorisant le port à devenir l'un des points d'attache des combattants. Marseille est alors contrôlée par les affidés de saint Louis puis, de façon définitive, sous le règne de Charles VIII qui s'attache « le comté de Provence et terres adjacentes dont Marseille ».

Il faut ensuite attendre les Bourbons pour que le florissant commerce avec l'Afrique du Nord et le Levant ne lui offre la croissance espérée par ses fondateurs. La visite du 2 mars 1660 de Louis XIV puis les six journées que passe la cour du Roi-Soleil en Provence transforment la ville, qui bénéficie dès lors d'une salvatrice mise sous tutelle. Sa quiétude est provisoirement bouleversée par la peste en 1720 puis les premiers mois de la Révolution française. Pour la punir de son insurrection, elle est brièvement baptisée « Ville-sans-nom » sous la Terreur avant de recouvrer son prestige au temps de Napoléon, lequel y a vécu avec sa famille après son départ de Corse.

Les échanges commerciaux et l'expansion de l'Empire colonial français font ensuite de Marseille l'un des principaux ports. Marquée par les deux guerres mondiales, en particulier en 1944 lorsque son soulèvement prépare l'entrée des troupes alliées en août, la cité devient l'un des lieux d'accueil des populations fuyant persécutions et drames, en particulier venues d'Arménie ou du Maghreb, avant de connaître de nouveau une forte activité économique.

*

Dans les rues actuelles, lorsque l'on redescend vers la colline Puget après avoir exploré les hauteurs et les environs, la promenade conduit par la rue des Tyrans au fameux quai des Belges, au bas de la Canebière.

Devant le non moins célèbre marché aux poissons et au milieu des interjections à la vibrante faconde, une plaque a été inaugurée en 1952 par la municipalité. Elle rappelle l'insigne installation. On peut y lire : « Ici, vers l'an 600 avant J.-C., des marins grecs ont abordé, venant de Phocée, cité grecque d'Asie Mineure. Ils fondèrent Marseille d'où rayonna en Occident la civilisation. »

À quelques encablures vers l'est, après avoir admiré la façade de la Bourse fondée sous le Second Empire, se devine le musée d'Histoire (MHM). Depuis son ouverture au public en 1983, ses trésors - 4 000 objets référencés - proposent une passionnante rétrospective de vingt-six siècles. Six épaves de barques rappellent en particulier son antique création. Et depuis 2020, trois exosquelettes de navires « reproduits à taille réelle » ont été installés « dans ces secteurs fouillés par les archéologues » voilà près de cinquante ans. Des structures métalliques ont aussi été mises en scène avec la reprise de « l'onde à la surface de l'eau du port [...], proposée au moyen de roches cristallines disposées sous les bateaux ».

L'ultime référence, sportive celle-ci, est à trouver du côté du stade Vélodrome, boulevard Michelet, dans le quartier Saint-Giniez, où les joueurs de l'Olympique de Marseille maintiennent l'appellation de Phocéens à travers l'Europe. Là n'est pas l'unique rappel du riche passé de la ville : outre leurs couleurs bleu et banc, évocations ostentatoires de l'azur et des calanques qu'ils arborent fièrement, la devise « Droit au but » qui orne leurs maillots n'aurait sans doute pas déplu aux premiers occupants, venus de la lointaine Grèce orientale...

CHAPITRE 2

L'autonomie de Lyon sous l'empereur Claude

Si la place Bellecour, les traboules et les bouchons sont trois des principaux atouts de son patrimoine, c'est de Fourvière que l'on peut, le mieux, apprécier Lyon. C'est surtout ici que l'on aperçoit la totalité de la plaine « entre Rhône et Saône ». En montant vers la basilique consacrée en 1896, il faut faire une halte dans les théâtres romains qui mènent à la belle terrasse. Non loin se situe en effet, depuis son inauguration le 15 novembre 1975, le musée Lugdunum, espéré par les amateurs d'histoire depuis 1930 mais n'ayant finalement été créé qu'après plus de quarante ans de réflexions et travaux préparatoires.

Dès la visite des premières salles, on comprend que la capitale des Gaules n'a pas usurpé son nom. Après les premiers objets - habitats, sarcophages, char celtique... -, le visiteur est plongé dans le Iᵉʳ siècle avant J.-C. Statues et inscriptions, monnaies et objets en tout genre lui situent le contexte d'une découverte hors du commun.

*

La colonie de Lugdunum a été fondée en 43 avant notre ère par le gouverneur de la province romaine, Lucius Munatius Plancus, devant servir de colonie aux nombreux réfugiés ayant été victimes de l'attaque des Ségusiaves. Cette peuplade gauloise cherche à reprendre ses droits sur une terre dont elle a été spoliée. Dès cette époque, le plateau de Fourvière concentre la totalité des aménagements urbains. Comme en attestent les fouilles menées depuis plusieurs décennies et les reconstitutions proposées, un palais princier est alors créé par l'empereur Auguste. On cherche à constituer une autre Rome, aux dimensions plus modestes, mais destinée à accueillir habitants et institutions pour mieux contrôler la Gaule aux tribus frondeuses.

C'est avec la naissance du futur empereur Claude, qui voit le jour à Lyon le 1er août 10 avant J.-C., que la cité prend son essor. Le fils de Drusus et Antonia n'est pas destiné à régner mais la mort de Caligula le propulse au-devant de la scène politique. Lourdement handicapé et parlant avec une élocution mal assurée, il cumule de nombreux défauts. Le plus important reste justement qu'il n'est pas né à Rome mais en Gaule !

Son règne, somme toute assez court, débute le 24 janvier 41, dès l'assassinat de son prédécesseur par sa propre garde. Pour justifier sa position et légitimer son action, ses premiers efforts se concentrent sur la cité-mère. Mais assez vite, ses origines le rattrapent et il se passionne pour le sort de sa ville natale.

Des embellissements sont d'abord engagés et il poursuit les extensions de voies, en particulier les routes militaires dont l'une permet très rapidement de franchir l'Ain et de rejoindre le Rhône à proximité du camp de la Valbonne. Depuis l'époque d'Agrippa, la cité est devenue le point de jonction des quatre voies principales de la Gaule romaine, offrant au site un intérêt stratégique majeur. L'historien

Strabon, dans ses *Commentaires*, précise : « Grâce à de tels moyens de circulation, une poignée de soldats pouvait suffire pour tenir en échec et dompter tout un peuple [...]. Ces 1 200 hommes n'étaient rien d'autre que la garnison de Lyon, une seule cohorte préposée à la garde de l'hôtel de la Monnaie [...]. » L'armée veille évidemment sur ce bâtiment monétaire (le deuxième, par son importance, après Rome) car, avec Antioche, il s'agit d'un des principaux sites de frappe de médaille. Y sont notamment converties les anciennes monnaies gauloises - de nouveau adaptées pour circuler dans la totalité de l'Empire -, ainsi que les multiples devises récupérées et transformées.

Pour ce qui concerne plus particulièrement le quotidien des Lyonnais, les eaux environnantes ont été captées et alimentent les besoins grandissants des colons romains, installés depuis plusieurs décennies.

Mais un événement change radicalement le sort de la ville : le discours que prononce Claude à Rome en 48. Pendant le consulat d'Aulus Vitellius - lui-même futur empereur -, et de Lucius Vipstanus Publicola, une réunion de tribuns et de chefs s'enquiert du sort des habitants de Lugdunum. Il est question d'accorder à ces citoyens « de seconde zone » les mêmes droits que pour une cité italienne. Ce qui signifie que les Lyonnais pourraient non seulement y gagner un nouveau statut mais, plus important encore, accéder à de nouveaux postes, auparavant réservés aux grandes familles patriciennes, voire aux privilèges liés au sénat.

Pour connaître le contenu du discours, deux sources sont fréquemment employées : les *Annales* de Tacite, d'une part ; la table dite « claudienne », de l'autre. La synthèse de ces deux textes permet de comprendre le choc ressenti par l'auditoire.

Si l'on en croit ces deux documents, au cours de cette harangue, Claude se serait non seulement fait le défenseur de sa ville natale, y voyant surtout un futur appui à ses ambitions impériales, mais il aurait réfuté l'argument ancien de la protection de l'assemblée des notables :

> Quoi ! un sénateur italien n'est-il donc pas bien préférable à un sénateur provincial ? [...] je n'estime pas qu'on doive repousser les hommes de la province qui pourraient faire honneur au sénat.

Il aurait poursuivi en insistant sur les valeurs des habitants eux-mêmes, preuves irréfutables de leur fidélité. S'appuyant sur l'intérêt de leur accorder les mêmes droits qu'à Vienne, il aurait décrit Lyon comme une

> splendide et puissante colonie des Viennois [qui] envoie des sénateurs à cette assemblée [...]. Allons ! Tibère César Germanicus, il est temps de faire connaître aux pères conscrits où tend ton discours, car déjà te voici arrivé aux extrêmes limites de la Gaule narbonnaise. Tous tant qu'ils sont, ces jeunes gens distingués sur qui je promène mes regards, ne vous font sans doute pas plus regretter de les voir au nombre des sénateurs qu'il n'est regrettable pour Persicus, de l'élite de notre noblesse et mon ami, de lire sur des portraits de ses ancêtres le nom d'Allobrogique.

Le public a compris : Claude, trop longtemps mis à l'écart, tient sa vengeance. Son frère Germanicus lui a peut-être été un temps préféré mais désormais il faut compter avec lui. Rappelons qu'il a accédé à la magistrature suprême à la suite d'une conspiration et qu'il est déjà âgé de 50 ans. Pour l'époque, c'est presque un vieillard.

Seule une politique ambitieuse peut donc lui permettre de faire taire les rumeurs de sénilité. Pour cela, il faut conquérir de nouvelles terres, ce qu'il a commencé à faire, en particulier avec la Judée, la Thrace et le sud de l'Angleterre. D'ailleurs, pour cette dernière annexion, son quartier général a été installé à Lyon.

Cinq ans après sa conquête, Claude rend ce qu'il doit aux habitants. « Nous n'avons nullement à être fâchés de compter des Lyonnais parmi les membres de notre ordre. » La pondération avancée ne tient plus et se trouve balayée d'un revers de main :

> Si dans cette cause quelqu'un objecte que la Gaule a pendant dix ans soutenu la guerre contre le dieu Jules, qu'il oppose donc aussi cent années d'une fidélité invariable et d'un dévouement constant dans un grand nombre de circonstances critiques où nous nous sommes trouvés. De ce dévouement plus qu'éprouvé les Gaulois ont fait preuve lorsque mon père Drusus a soumis la Germanie ; ils ont maintenu derrière lui une paix profonde assurée par leur propre tranquillité. Et cependant, au moment où Drusus fut appelé à cette guerre, il était occupé à faire le cens en Gaule, opération nouvelle et hors des habitudes des Gaulois. Combien cette opération est encore difficile pour nous, bien qu'il ne s'agisse de rien autre chose que d'établir publiquement l'état de nos ressources, nous ne le savons que trop par notre propre expérience.

Que l'événement connaisse ensuite une telle audience à travers l'Empire romain s'explique doublement. D'abord, elle marque les esprits par la personnalité de l'orateur. Claude est en effet connu pour son bégaiement. Suétone l'évoque sans détours, expliquant qu'il se double d'un « tremblement de tête » qui s'accentue « à la moindre affaire ». L'auteur de la *Vie des douze Césars* prétend qu'avant cette prise de parole « il n'arriv[ait] jamais à aligner deux mots sans bafouiller, sans bégayer ». Plus récemment, des spécialistes, et notamment l'historienne Virginie Girod, s'accordent à dire qu'il souffrait « d'une pathologie liée à des lésions cérébrales » mais qui parfois pouvait disparaître pendant ses prises de parole en public.

Un peu à la manière du roi anglais George VI au moment de la Seconde Guerre mondiale, Claude dépasse son handicap. Il fait fi de ses difficultés, la défense de ses anciens compatriotes justifiant sans nul doute la réussite personnelle de l'héritier et expliquant qu'il parvienne à surmonter ses barrières.

D'autant que c'est sa seule chance. Il n'a pas non plus été gâté par la nature. Suétone, bien qu'il lui reconnaisse une taille « élancée, mais sans maigreur » et des cheveux blancs qui « ajoutaient à la beauté de sa figure », note que l'empereur « avait le cou bien plein » et, lorsqu'il marchait, « ses genoux chancelaient, ses jambes [avaient] toujours de la peine à le porter ; et, soit qu'il plaisantât, soit qu'il fût sérieux, il avait mille ridicules, un rire affreux, une colère plus hideuse encore, qui faisait écumer sa bouche toute grande ouverte en humectant ses narines ».

Dans ce portrait peu flatteur, on prétend que « sa santé fut mauvaise jusqu'à son avènement au trône, et florissante depuis ce moment. Il éprouvait pourtant des douleurs d'estomac, quelquefois si violentes, qu'il eut, à ce qu'il dit lui-même, des idées de suicide ».

Sa réussite n'en est donc que plus belle. Claude a compensé ses infirmités par une sévérité et une cruauté accomplies. Auteur d'ouvrages remarquables sur l'histoire étrusque et carthaginoise qui assouvissent sa soif d'exploits guerriers, il vit entouré de gardes qui surveillent chaque geste suspect, afin d'éviter le sort réservé à Caligula. S'il s'éprend de nombreuses femmes, l'année même de son fameux discours il ne craint pas de faire exécuter sa troisième épouse, Messaline, qu'il accuse de l'avoir trompée, et prend immédiatement pour femme sa propre nièce Agrippine, qui le craint davantage qu'elle ne l'aime.

Sa défense des Lyonnais, et plus largement des populations considérées comme étrangères, lui vaut alors une grande série de critiques. Tacite, dans les *Annales*, prétend que cette proposition

> excita de vives discussions et fut débattue avec chaleur devant le prince. On soutenait que l'Italie n'était pas assez épuisée pour ne pouvoir fournir un sénat à sa capitale. Les seuls enfants de Rome avec les peuples de son sang y suffisaient jadis, et certes on n'avait pas à rougir de l'ancienne République. Était-ce donc peu que des Vénètes et des Insubriens eussent fait irruption dans le sénat ; fallait-il y faire entrer en quelque sorte la captivité elle-même avec cette foule d'étrangers ? Ils allaient tout envahir ces riches dont les aïeuls et les bisaïeuls, à la tête des nations ennemies, avaient massacré nos légions, assiégé le grand César sous les murs d'Alise [Alésia] ? Ces injures étaient récentes :

que serait-ce si on remontait au-delà, si on se rappelait le Capitole et la citadelle presque renversés par les mains de ces mêmes Gaulois ? Passe encore qu'ils jouissent après cela du nom de citoyens, mais les décorations sénatoriales, mais les ornements des magistratures, qu'ils ne fussent pas ainsi prostitués !

Si Claude a donc tenu ces paroles, c'est d'abord pour prouver son autorité. Que les Lyonnais eux-mêmes aient défendu leur cause avec talent auprès du princeps ne fait pas l'ombre d'un doute, mais la première raison relève de la politique interne.

Une fois cette reconnaissance entérinée à travers tout l'Empire, l'on soumet à la suite de cette diatribe l'exemption des impôts personnel et foncier pour tous les citoyens de ces contrées éloignées. Lugdunum, ancien oppidum méprisé, a obtenu ce qu'elle espérait.

Ayant la réputation d'être un point de défense actif, la ville y gagne un statut qui ne lui sera dès lors jamais refusé. Au cours des invasions successives pendant les siècles suivants, les remparts installés autour de la porte Saint-Just feront leurs preuves. D'où l'importance de reconnaître un rôle majeur à la ville en accordant des droits à ses habitants : on ne sait jamais, cela peut servir.

*

Le 12 mars 1528, dans les environs des vignes de la côte Saint-Sébastien, non loin de l'actuelle église Saint-Polycarpe, la découverte de la table claudienne provoque, on l'imagine, un grand émoi. Le propriétaire de la maison environnante, un marchand drapier ayant engagé de nombreux travaux, est à l'origine de la trouvaille, dans le fameux quartier de la Croix-Rousse.

La plaque de bronze découverte est monumentale, d'une longueur totale de 193 centimètres pour une hauteur de 139 centimètres et une épaisseur de 8 centimètres. Elle pèse 222,50 kilos, sa partie inférieure étant parfaitement conservée. Sur ce fragment préservé, le texte rappelle dans le détail le fameux discours prononcé par Claude.

Aujourd'hui conservée au Lugdunum musée et théâtres romains, où elle fait l'admiration des visiteurs, cette plaque a été exposée dès l'année qui a suivi sa mise au jour puis pendant de longues années à l'Hôtel de Ville de la rue de la Fromagerie, avant de se retrouver à l'hôtel de la Couronne, rue de la Poulaillerie. Une copie reste visible dans la cour du musée de l'imprimerie.

Il a fallu attendre 2016, à la suite de l'exposition temporaire « Lyon Renaissance. Arts et humanisme », pour que l'œuvre originale vînt enrichir les collections du musée actuel.

Dernier clin d'œil : une voie lyonnaise, parallèle à la rue Burdeau, porte depuis tout ce temps le nom de cette trouvaille archéologique : la rue des Tables claudiennes. Or on sait que la table était unique, et que victime de l'érosion à travers les âges, elle avait été séparée en deux parties. Ironie du sort et incongruité de la postérité, le bégaiement de Claude l'avait donc poursuivi jusqu'à cette appellation erronée...

CHAPITRE 3

Sainte Geneviève sauve Paris

Quelle que soit la route empruntée, du boulevard Saint-Michel ou de la rue Monge par les rues adjacentes, sa silhouette blanche se détache invariablement. Le Panthéon ne peut être évité. C'était le vœu de ses promoteurs et le résultat est à la hauteur de leurs espérances. Ce désormais temple laïque, voué aux âmes des héros de la France, porte bien son nom, tout autant qu'il mérite la place qui est la sienne dans le paysage parisien.

On est d'abord frappé, dès la place éponyme, par les proportions du monument. Voulue à l'origine comme une église, l'œuvre de Jacques Soufflot a beau avoir été commandée par Louis XV, elle n'a été livrée que bien plus tard. C'est sous la Révolution française que l'inauguration se déroule, en 1790. Le dôme vient tout juste d'être achevé, Jean Rondelet en ayant dirigé les ultimes travaux.

À l'instar de la Madeleine, située bien plus au nord de la ville, sa vocation première a évolué. Le Panthéon est devenu un lieu commémoratif avant d'être rendu au culte sous la Restauration (1816), puis de redevenir un mausolée national le 26 août 1830 par décision du roi Louis-Philippe.

Les guides du Centre des monuments nationaux (CMN), dont dépendent entre autres l'arc de triomphe de l'Étoile, l'hôtel de la Marine ou le château de Rambouillet, soulignent évidemment les temps les plus récents. L'entrée de Jean Moulin ou de Simone Veil viennent en tête des questionnements, avant que la mémoire plus ancienne ne rappelle les destins de Victor Hugo, Schœlcher, Gambetta, les ouvrages des philosophes Voltaire et Rousseau ou les travaux de Marie Curie.

De symboliques tombeaux, conservés dans la crypte, forment ensuite le passage obligé de tout visiteur. Pourtant, à l'instant de se recueillir, peu se passionnent pour les autres personnalités, comme le sont les quarante et un dignitaires du Premier Empire. Et surtout, rares sont les touristes qui, avant de quitter l'édifice dont la coupole a récemment été rénovée, se soucient que cette imposante bâtisse de pierre a été érigée sur la bien-nommée montagne Sainte-Geneviève et qu'elle abrite depuis le 21 janvier 1853 les châsses de l'héroïne.

Le nom de Geneviève, justement, a été donné à la bibliothèque bâtie de l'autre côté de la rue, laquelle a été accolée au Panthéon deux ans auparavant, sur des plans de Labrouste. Tout est donc fait pour commémorer les temps les plus anciens de la capitale des Francs.

*

En 451, quatorze siècles plus tôt, l'attaque de la ville par les Huns fait craindre le pire. Les habitants se souviennent des précédentes opérations destructrices menées par ces envahisseurs venus de l'est. Personne ne se remettrait d'un nouveau pillage. Une jeune femme d'une vingtaine d'années, Genovefa – dont le nom signifie « bouche d'or » chez les Celtes et est ensuite francisée en Geneviève, donc « née au sein d'une femme » –, lance seule la résistance.

Elle est la fille de Severus (Valère) et Gérontia (Géronce). Parmi les Parisii, sa jeunesse est peu connue. Tout ce que l'on a retenu d'elle est qu'elle a souvent fait preuve d'un courage hors pair, d'une force d'âme incomparable. Dès l'âge de 7 ou 8 ans, après un pèlerinage sur le mont Valérien, elle s'est rendue de sa propre initiative, sans en référer à ses parents, dans l'église de Nanterre pour prêter serment devant les (futurs) saint Germain d'Auxerre et saint Loup de Troyes, alors en route vers la Grande-Bretagne pour mettre fin à l'hérésie pélagienne. Devant une assistance interloquée et déjà émerveillée par tant de courage, elle leur a promis de consacrer sa vie à Dieu. L'évêque affirme alors aux parents, arrivés en toute hâte après avoir été prévenus par des voisins : « Veillez sur cette jeune fille ; au jour de sa naissance le ciel a dû se réjouir, car elle est venue au monde pour le salut de plusieurs. Elle sera grande devant Dieu et devant les hommes. »

Les miracles ne se font pas attendre. Après avoir pris le voile, elle a multiplié les coups d'éclat pour exhorter les Parisiens à confier leur destin à Dieu. Elle emménage ensuite chez sa marraine, au cœur de Lutèce. C'est là, en avril ou mai 451, qu'elle apprend l'invasion redoutée.

Afin que la cité ne tombe pas aux mains des redoutables adversaires – ces cavaliers et fantassins émérites qui sèment le chaos partout où ils passent –, elle convainc la curie municipale, à laquelle elle appartient depuis que son père lui en a laissé la charge, d'engager la lutte. Rien ne doit être laissé au hasard. Il faudra en assumer les conséquences :

> Pourquoi fuyez-vous ? Celui qui a dit à la mer : « Sépare tes flots » ; et au Jourdain : « Remonte vers ta source », ne saura-t-il pas élever une digue entre vous et le torrent ? Paris n'a rien à craindre de ce roi barbare qui se prétend la terreur du genre humain et le fléau de Dieu. Votre ville sera conservée, tandis que celle où vous voulez vous retirer sera pillée ou saccagée. Ayez confiance en Dieu, implorez son secours, et ne trahissez point par votre fuite la cause du ciel et de la patrie.

Les Francs, depuis 448, sont maîtres du nord de l'Île-de-France et de la Picardie et, dirigés par Clodion puis Mérovée, occupent également la Belgique actuelle. Mais après leurs défaites face aux Romains qui cherchent à les repousser plus au nord, ils tentent de se maintenir au pouvoir dans cette partie de la Gaule. L'arrivée des Huns peut leur permettre, en constituant un nouveau front, de se remettre en selle.

Ces derniers ont d'abord pillé Cologne, puis Trèves, Metz, Verdun, Laon, avant de détruire Saint-Quentin et Reims. Présentés comme assoiffés de sang et d'honneur, de richesses et de gloire, ils ont été repoussés à Troyes par l'abbé Loup, futur saint, qui est parvenu à coordonner la lutte et qui servira d'exemple à Geneviève laquelle l'a rencontré le jour de son serment.

Rien n'est encore gagné. Bien au contraire : comprenant que la plupart des habitants, apeurés, refuseront le combat – il est vrai inégal, entre les 60 000 soldats issus d'une confédération turcique et le peu de moyens dont disposent les défenseurs des bords de Seine –, elle exhorte mères, épouses et filles à relever, seules, la tête : « Que les hommes fuient, s'ils veulent, s'ils ne sont plus capables de se battre. Nous les femmes, nous prierons Dieu tant et tant qu'il entendra nos supplications. »

Toutes sont réunies dans un oratoire situé à l'emplacement de l'actuelle Notre-Dame. Face au drame qu'elles s'apprêtent à vivre, elles se mettent à jeûner, implorant jour et nuit le ciel de leur insuffler le courage qui pourrait leur faire défaut. Geneviève elle-même se rend au tombeau de saint Denis. Par cette visite, elle cherche cette fois à s'imprégner de l'exemple donné par le martyr. De retour dans la capitale, elle demande à tous les habitants de fermer les issues et portes de la ville.

L'attente devient insoutenable. D'une minute à l'autre, chacun s'attend à voir arriver Attila. La réputation du chef militaire, né vers 395 dans la Hongrie actuelle, n'est plus à faire. Ses précédents adversaires – lorsqu'ils sont parvenus à lui échapper – l'ont décrit avec « de petits yeux, la barbe clairsemée, les cheveux grisonnants, le nez écrasé, le teint noirâtre ». Il semble « venu au monde pour ébranler sa nation et faire trembler la terre ».

Plus tard, les chroniqueurs rappelleront aussi que « des bruits formidables le devançaient et semaient partout l'épouvante. Il était superbe en sa démarche, promenant ses regards deçà et delà autour de lui ; l'orgueil de sa puissance se révélait jusque dans les mouvements de son corps. Aimant les batailles, mais se maîtrisant dans l'action ; excellent dans le conseil ; il se laissait fléchir aux prières ; bon quand il avait une fois accordé sa protection. Sa taille était courte, sa poitrine large, sa tête forte. » Et ils ajouteront, ce qui contribuera à forger sa réputation : « Il reproduisait tous les traits de sa race. Sa confiance en lui-même était bien grande et ne l'abandonna jamais. »

Pourquoi s'attaquer à cette ville précisément ? Outre qu'elle soit l'une des plus réputées, Paris compte aussi parmi les places importantes du commerce d'alors. Véritable camp fortifié, elle possède un amphithéâtre, plusieurs temples et compte des arsenaux de qualité. Tout concourt à en faire un objectif essentiel pour ces hordes lancées à travers l'Europe.

Pourtant, « le fléau de Dieu » décide d'épargner la ville. A-t-il été informé d'une éventuelle - et improbable, on le sait aujourd'hui - épidémie de choléra qui pourrait décimer la cité ? Toujours est-il que son plan change radicalement et qu'il jette son dévolu sur Orléans, qui constitue le nœud du dispositif militaire coalisé. Après le pillage en règle de la cité, un combat se prépare contre les Romains.

L'affrontement est des plus sanglants. Les Huns « sortent pêle-mêle de la ville, abandonnant butin et captifs ». On assiste à une véritable débâcle. Ce qu'il reste des cavaliers se retire à Méry, puis à Châlons, avant de devoir de nouveau prendre part à un affrontement, titanesque, au lieu-dit Campus Mauriacus, à Moirey, les fameux champs Catalauniques.

Le 24 juin 451, face à Aetius, un généralissime qui a été envoyé par le Sénat romain pour mettre un terme à l'avancée ennemie, les Huns doivent déposer les armes après un choc ayant mis aux prises plus de 15 000 hommes. Un combattant rapporte :

> Jamais la Gaule n'avait vu s'entreheurter de pareilles masses [...]. Il s'y fit un tel carnage qu'au dire des vieillards, un petit ruisseau fut changé en torrent et roula des flots de sang.

Selon les historiens,

> les Wisigoths enfoncèrent les escadrons qui chargeaient les pentes de la colline, et se rabattirent comme un ouragan sur le flanc des Huns dont ils firent un terrible massacre. Mérovée, avec ses Francs, redoubla ses coups. Attila ne put rallier ses hordes que derrière l'enceinte des chariots. Cent soixante-cinq mille combattants jonchaient le champ de bataille. Au matin, [...] les vainqueurs virent un étrange spectacle : un bûcher formé de selles de chevaux, Attila au sommet, les Huns au pied, la torche à la main, prêts à y mettre le feu si l'enceinte était forcée.

Laissés malgré tout libres, les vaincus se retirent en bon ordre en Germanie, forcés cette fois de cesser leur invasion.

C'est donc une jeune femme, par sa bravoure, qui aura donné l'exemple à toutes les autres. Sorte de Jeanne d'Arc avant l'heure, Geneviève y gagne une autorité et une popularité rares. Quarante ans plus tard, il lui faudra reprendre le flambeau pour tenir tête cette fois à Clovis, roi des Francs à l'ambition démesurée. Cette fois, tous les habitants la suivront, sans douter de l'issue heureuse de la résistance.

De nos jours, le Panthéon, s'il n'a pas pour vocation à rappeler dans le détail ces différents épisodes, rend hommage à la combattante parisienne par les fresques qui ornent ses façades intérieures. Ainsi, après avoir redécouvert les étapes majeures de l'appel lancé puis des prières des femmes à travers des panneaux traités en bas-reliefs à l'entrée, le visiteur reste saisi par les fresques que Puvis de Chavannes a consacrées à la sainte au mitan du XIXe siècle.

Avant cette série de représentations, une première commande a été confiée en 1848 à Chenevard. Mais il faut finalement attendre un quart de siècle pour voir Puvis, peintre pré-symboliste et auteur d'un grand nombre de toiles, relever le défi. Celui-ci n'est pas le premier venu. Il a déjà, avant même d'orner les murs de la Sorbonne de ses grandes compositions, travaillé au majestueux palais Longchamp à Marseille, sous le Second Empire. Et comme l'exige le contexte politique si particulier des années post-impériales, il propose ici, en un vaste ensemble, une rétrospective picturale évanescente d'un destin hors du commun.

Le régime impérial se cherche des figures tutélaires, notamment chrétiennes. L'artiste insiste donc davantage sur les épisodes révélant la vocation sacrée de Geneviève que sur ses autres qualités, tout aussi nobles. À cela une explication très simple : la France connaît un regain de gallicanisme, doublé d'un mysticisme s'opposant au positivisme et à la laïcité d'une Troisième République triomphante. Les sujets ne sont donc qu'éminemment religieux, traités sur deux chantiers distincts. En 1877, après *Sainte Geneviève enfant en prière*, Puvis exécute *L'Enfance de sainte Geneviève* puis, l'année suivante, un panneau glorifiant *Les Trois Vertus théologales veillant sur la sainte au berceau* ainsi qu'une frise de saints de l'ancienne France. Cette dernière ne verra finalement le jour qu'après la reprise en main du projet par ses propres élèves.

Il faut patienter quinze ans après ce premier ensemble pour que l'artiste, à l'aube de ses soixante-dix printemps, n'achève son second cycle iconographique, reprenant en 1893 des panneaux initialement réservés à Ernest Meissonier et nécessitant cinq ans de travaux avec deux œuvres qui feront le succès de l'entreprise : *Le Ravitaillement de Paris pendant son siège par les Francs* et *Sainte Geneviève veillant sur Paris*.

Depuis ce temps, et à la suite de demandes réitérées d'élus et d'admirateurs de Geneviève, sont aussi exposées, pour compléter l'ensemble, l'allégorique création de Jules-Élie Delaunay, *Sainte Geneviève rend le calme aux Parisiens à l'approche d'Attila*, et la sépulcrale composition de Jean-Paul Laurens, *La Mort de sainte Geneviève*.

*

Le visiteur, après avoir contemplé ces gigantesques panneaux et contourné le fameux pendule de Foucault qui occupe depuis le 1er décembre 1851 la croisée du transept, sort sur la place et reste cette fois admiratif de l'habile équilibre dominant le bâtiment.

Le fronton, signé David d'Angers en 1837, affiche toujours fièrement la devise : « Aux grands hommes, la patrie reconnaissante. » Si cela s'entend plus largement pour l'« humanité » davantage que pour les seuls êtres masculins, au fur et à mesure que ses pas l'éloignent, le promeneur doit sans doute songer aux « grandes femmes » qui ont fait l'Histoire. Du moins la rue Clotilde, à proximité du quartier de sainte Geneviève, est-elle là pour le lui rappeler.

CHAPITRE 4

Le baptême de Clovis à Reims

Le « sourire » de Reims est connu à travers le monde. Véritable symbole de la résistance française lors des bombardements de la Première Guerre mondiale, le visage de cet ange rieur – l'une des nombreuses cibles parmi les 2 303 statues qui ornent les extérieurs de la cathédrale Notre-Dame de la ville – a marqué les esprits. Au milieu des terribles et nombreuses destructions provoquées par les obus lancés quasi quotidiennement entre l'automne 1914 jusqu'au printemps 1915, cette sculpture de 1240 a perdu sa tête, miraculeusement retrouvée au milieu des décombres mais brisée en une vingtaine de morceaux. Les quelque 300 bombes lancées par l'artillerie allemande auront donc eu raison de ce provocateur rictus. Pourtant, plus d'un siècle après, restauré depuis 1926 et remis en place, ce visage reste l'emblème de la cité champenoise, comme un pied de nez aux adversaires ayant tenté d'abattre l'une des figures de notre patrimoine.

À travers lui, c'est la cathédrale tout entière qui se révèle. La visite de l'édifice ne se fait pas sans émotion. Au pied du clocher fendant le ciel de ses 87 mètres, on se prend à imaginer tout ce que cet ange de pierre a pu apercevoir. Au-delà de la propre histoire de la construction, que d'événements ont eu pour décor ses environs ! Lui arrive-t-il d'entendre les échos d'une bataille qui entraîna sa présence six siècles plus tard ? Au centre de la galerie des rois, la scène représentée y fait référence.

*

Nous sommes en l'an 496. Tout débute par l'appel lancé par Clovis avant un terrible affrontement :

> Jésus-Christ, toi que Clotilde proclame être le fils du Dieu vivant, toi qui, dit-on, donnes une aide à ceux qui peinent et qui attribues la victoire à ceux qui espèrent en toi, je sollicite ta glorieuse assistance. Si tu m'accordes de l'emporter sur ces ennemis et si j'éprouve l'effet de cette puissance dont le peuple qui t'appartient prétend avoir fait l'expérience, je croirai en toi et le ferais baptiser en ton nom. J'ai invoqué mes dieux, mais je vois bien qu'ils n'ont rien fait pour me secourir... C'est toi que j'invoque maintenant ; je désire croire en toi ; fais seulement en sorte que j'échappe à mes ennemis.

Ces mots, prononcés en ancien allemand par le roi des Francs – plus précisément en bas francique teinté de latin adapté –, le sont par un souverain alors âgé de 31 ans. Le doute s'est instillé dans son esprit et Clovis implore le Ciel de remporter sur les Alamans (précisément les Francs rhénans) le décisif combat qui s'annonce. C'est à Tolbiac que les deux armées s'avancent. Après une première défaite, le massacre des hommes de Clovis est presque inéluctable. Les dieux païens semblent avoir abandonné leurs fidèles.

La suite est connue. Comme par enchantement, alors que le sort des armes paraît réglé, la mort du chef adverse, atteint d'un coup de hache, jette le trouble dans les lignes ennemies et provoque le départ des combattants. Cette fuite et surtout cette victoire inespérée ont fini de convaincre le souverain salien de placer son royaume sous la protection chrétienne.

Bien que cela aille à l'encontre des traditions ancestrales germaniques, qu'il lui faille même écarter l'influence de ce qu'on appelle désormais l'« hérésie arienne » qui gagne les rangs de ses propres commensaux, Clovis a fait son choix. Et tout le mérite en revient à sa seconde épouse, Clotilde.

La fille de Chilpéric II est parvenue à le faire changer d'avis, par son exemple et ses propres engagements. Sans doute aussi les risques encourus par les troupes lors de cet affrontement de Tolbiac n'ont-ils pas laissé le choix. Dans cette situation extrême, tous les moyens pour changer le cours des événements sont souvent bons.

Reste que le parcours du roi explique aussi ce revirement. Né à Paris vers 466, Clovis n'a pas effectué ce chemin de Damas seul. S'il a succédé à son père Childéric Ier l'année de ses 15 ans, en 481, il lui a fallu faire preuve d'un courage hors du commun. Jeune adolescent, il s'est imposé au sein d'une cour mérovingienne dont les difficiles règles ont été transmises par les chroniqueurs du temps, puis les historiens de la période. La tâche lui a été rendue d'autant plus ardue que les jalousies apparues depuis plusieurs années ne jouaient pas en sa faveur. Les guerres n'ont ainsi jamais cessé et, au milieu des autres combattants, blanchis sous le harnois, il lui a fallu faire ses preuves en conduisant, avec énergie et une volonté décuplée, des hommes plus aguerris que lui.

Cette victoire de Tolbiac, remportée sur le dernier représentant de Rome dans la région, un certain Syagrius, constitue l'un des instants les plus remarquables de sa courte existence. Elle lui permet d'asseoir son autorité sur de potentiels rivaux, à commencer par ses cousins puis ses simples alliés de circonstance.

Il a pris la tête de plusieurs tribus franques autour de la ville de Tournai, a gagné des terres environnantes vers le sud et l'ouest – entre Escaut et Somme – puis s'est attaché les Burgondes par son union avec Clotilde dès 493.

Cette conversion n'est donc pas un acte isolé. Elle a été préparée par un long catéchuménat, dont attestent les lettres d'Avit, évêque de Vienne, et de Nizier, l'évêque de Trèves. Toutes les étapes du cheminement ont été scrupuleusement suivies. C'est alors qu'intervient l'événement majeur, depuis considéré comme fondateur de la nation française : son baptême.

Grégoire de Tours, dans son *Histoire des Francs,* rend compte de l'épisode, plusieurs décennies après, la date précise restant sujette à caution. Ce dont on est sûr, au-delà du caractère merveilleux prêté à l'arrivée de la sainte ampoule, c'est que l'évêque métropolitain de Reims, saint Remi, est considéré comme le véritable « défenseur de la cité ». L'acte s'inscrit dans une romanisation des esprits. Fils de Childéric auquel il a succédé depuis quinze ans, Clovis domine un territoire qui couvre la partie nord-est de la France actuelle et la Belgique, entre Rhin et mer du Nord. En qualité de monarque d'une province romaine de seconde Belgique, il cherche dans un premier temps à combattre cette influence chrétienne qui s'impose dans l'ancien empire et dont le concile de Nicée en 325 a fixé les règles. L'orthodoxie exige notamment que le principe de la Trinité s'impose au nouvel ondoyé.

Les préparatifs ont été longs et le nouveau baptisé a dû suivre un enseignement protocolaire, fait de lectures, d'échanges que suit sa demande officielle. Cette cérémonie rémoise de Noël 499 reprend les codes constantiniens, et place Clovis dans la lignée des chefs romains convertis. Constantin lui-même n'a-t-il pas prêté le même serment avant la bataille du pont Milvius en 312 ?

Tendu de blanc comme le veut le rite initial, le baptistère utilisé est alors richement décoré. Les environs sont ombragés afin de protéger du froid et « des cierges odoriférants brillent ». Selon les témoins, « par un effet de la grâce de Dieu, les assistants croyaient respirer les odeurs du Paradis ». Est-ce à cet instant que serait apparue la sainte ampoule, chrême qui sera ensuite utilisé par tous les successeurs de Clovis jusqu'à Louis XVI ? Seuls les plus proches le signalent. La foule qui assiste au cérémonial paraît si importante que le clergé lui-même ne parvient pas immédiatement à accéder au lieu du baptême. Grégoire de Tours précise que tous proclament ensuite d'une seule voix : « Les dieux mortels, nous les rejetons, pieux roi, et c'est le Dieu immortel que prêche Remi que nous sommes prêts à suivre. »

L'objectif est bien de s'adjoindre les services du clergé chrétien, puissance dominante dans les plus importantes villes du royaume. Clovis cherche à profiter de l'influence qu'elle possède auprès des populations. Grégoire de Tours ajoute : « Ce fut le roi qui le premier demanda à être baptisé par le pontife. » A-t-il été impressionné par le baptême de son propre fils, Ingomer, exigé par Clotilde pour repousser la maladie qui l'a atteint en bas âge ? Ou parce que son épouse, par ses prières, semble être parvenue à guérir leur second enfant, Clodomir ?

Toujours est-il que, selon Grégoire de Tours, le cérémonial est bien organisé :

> Il s'avance, nouveau Constantin, vers la piscine pour se guérir de la maladie d'une vieille lèpre et pour effacer avec une eau fraîche de sales taches faites anciennement. Lorsqu'il fut entré pour le baptême, le saint de Dieu l'interpella d'une voix éloquente.

Les phrases sont connues : « Sois humble, enlève tes colliers, Sicambre, adore ce que tu as brûlé, brûle ce que tu as adoré. » Puis le roi s'incline et renonce pour toujours à ses talismans, symboles de ses anciennes idoles et croyances.

Grégoire poursuit :

> Remi était un évêque d'une science remarquable et qui s'était tout d'abord imprégné de l'étude de la rhétorique. Il existe de nos jours un livre de sa vie qui raconte qu'il était tellement distingué par sa sainteté qu'il égalait Silvestre par ses miracles, et qu'il a ressuscité un mort. Ainsi donc le roi, ayant confessé le Dieu tout-puissant dans sa Trinité, fut baptisé au nom du Père, du Fils et du Saint Esprit et oint du saint chrême avec le signe de la croix du Christ. Plus de trois mille hommes de son armée furent également baptisés.

Bien que les sources manquent, les sœurs de Clovis, Alboflède et Lanthechilde, ont sans doute aussi suivi l'exemple donné par la garde rapprochée de leur frère.

L'autre épisode le plus évocateur reste celui du vase de Soissons. Un soldat avait brisé - ou, plus probablement, abîmé - le vase que convoitait le roi et que réclamait l'évêché de Reims auquel cet *urceus* appartenait. En réaction, Clovis l'avait fait exécuter devant sa garde le 1er mars 487. Mais pour compenser cet acte de cruauté, le roi avait choisi de confier à Remi son « absolution », tant politique que religieuse, l'argent du vase récupéré étant symboliquement fondu et repris pour servir les actions de l'Église.

Le monarque se présente dorénavant comme le protecteur des plus faibles. Il profite de son nouveau statut de baptisé pour bénéficier d'une aura supplémentaire. Cela tend à renforcer l'alliance militaire nouée avec les Ostrogoths, les Burgondes et les Wisigoths, puis leur mise à l'écart progressive. Reste que les accords futurs envisagés avec les Bretons et Armoricains, majoritairement convertis, seront plus aisés à conclure. Douze ans plus tard, Paris deviendra la nouvelle capitale du royaume.

Aujourd'hui, si l'on lit les anciens manuels scolaires, toute cette histoire apparaît comme la première de notre France actuelle. Ernest Lavisse résume le baptême en ces termes :

> Clovis était païen ; il adorait plusieurs dieux. À cause de cela, les Gaulois qui étaient chrétiens ne l'aimaient pas. Mais il se maria avec une jeune chrétienne, appelée Clotilde. [Après la bataille] il fut vainqueur et il résolut de tenir sa promesse. Saint Remi, évêque de Reims, fit le catéchisme à Clovis. La reine Clotilde assistait aux leçons. Clovis écoutait bien. [...] Puis il fut baptisé dans une église de Reims. Ce fut une

cérémonie magnifique. Tous les cierges étaient allumés. Les prêtres chantaient des cantiques. Et l'encens brûlait dans les encensoirs. Clovis dit que jamais il n'avait rien vu de si beau. Après son baptême, Clovis devint roi de toute la Gaule. Dans la suite, la Gaule changea de nom. Elle s'appela la France.

C'est donc là que tout aurait débuté. Par cette première étape, les Francs auraient engagé leur peuple dans une succession ininterrompue de transformations.

À Reims, une maxime du XVe siècle prononcée au cours du sacre de Charles VIII, rapporte qu'en

l'an de grâce cinq cent le roy Clovis
Receut à Reims par saint Remy baptesme,
Couronne et sacre de l'ampoule pour cresme
Que Dieu des cieux par son ange a transmis.

Depuis ce temps, le pillage des églises devint interdit. L'alliance du glaive et du goupillon avait trouvé sa puissance inhérente.

*

Dans la cathédrale actuelle, les références à l'événement ne manquent pas. Mais si l'on souhaite aller plus loin et retrouver d'autres traces de cette mémorable journée, il convient de se rendre à proximité, dans le palais du Tau. Autrefois destiné à accueillir le banquet parachevant les couronnements, ce musée installé dans un antique bâtiment érigé au Ve siècle conserve plusieurs sculptures, costumes, ornements et pièces d'orfèvrerie. C'est notamment le cas d'une tapisserie flamande en laine et soie, du XVIIe siècle, signée Jan Le Clerc, sur des cartons de Charles Poerson. Sont précisément reproduits les gestes de Clovis et de son entourage. Seuls les vêtements, loin d'être contemporains de l'époque, paraissent réalisés à l'époque de l'artiste.

D'autres sites méritent aussi le détour. Pour suivre les avatars de cette histoire, au musée des Beaux-Arts, deux toiles y font référence. Celle, d'abord signée en 1676 du peintre Jean Hélart, en retrouve les accents guerriers. Parmi les attributs entourant le personnage central, la cuirasse et la cape des généraux romains confirment la filiation recherchée, tandis qu'à gauche la couronne et le sceptre à fleur de lys en soulignent les valeurs royales. La colombe apportant le saint chrême n'est bien entendu pas absente, dominant la scène et offrant une rare touche immaculée au milieu d'une composition chromatique colorée et vive. Quant au tableau de Jean Alaux, de 1825, donc en pleine période dite troubadour, il cherche à retrouver les accents médiévaux d'une composition où la proximité des soldats, mêlée à celle d'une population attentive - en particulier une jeune femme et un enfant, spectateurs privilégiés de la scène - se veut un gage d'unité à la fois sociale et festive. La figure de Clotilde, agenouillée également à droite, a une vocation exemplaire.

Là est surtout l'important symbole : une femme avait pris le destin de la France en main. Le signe offert par le Ciel imploré n'avait pas suffi pour infléchir la décision du roi des Francs, l'épouse ayant, pour la première fois, ouvert au mari tout-puissant les portes de son propre mysticisme.

CHAPITRE 5

Dagobert s'unit à Gomatrude au palais de Clichy

Pour qui circule en métro, la ligne 13 n'a pas la meilleure réputation. C'est l'une des plus intensément fréquentées du réseau et, en dépit du prolongement de la ligne automatique 14, il n'en reste pas moins que ses rames semblent souvent trop exiguës aux horaires de pointe. Pourtant, après avoir passé la station Fourche puis la sortie « Mairie de Clichy », la commune atteinte révèle de multiples intérêts historiques.

Enserrée entre la bourgeoise Neuilly et la populaire Saint-Ouen, il lui paraît parfois difficile d'exister par elle-même. Siège de plusieurs sociétés de la grande distribution, son destin aurait pu être bien différent si son statut était resté celui qui était le sien à la fin du VIe siècle.

Parmi les découvertes archéologiques majeures conduites en Île-de-France entre 1860 et 1914, celle d'un vaste palais mérovingien à Clichy reste l'une des plus marquantes. À la grande époque des fouilles entreprises dans le sous-sol depuis la création par Napoléon III d'un musée d'archéologie basé à Saint-Germain-en-Laye, chaque commune y va de « sa » trouvaille. Et parvenir à découvrir les structures architecturales d'un « Versailles mérovingien » relève de la gageure.

Les premiers éléments sont bien modestes : objets du quotidien, éléments funéraires gallo-romains, souvenirs d'habitat ancien. Mais l'ensemble passionne les équipes attitrées. En 1904, une urne ainsi que des substructions confirment avec davantage de précision la zone supposée. Et, après plusieurs discussions et hypothèses avancées, un ouvrage situe avec certitude le lieu estimé.

Quatre ans après cette première parution, l'abbé Narbey signe une *Histoire de l'ancien Clichy et de ses dépendances* qui apporte de nombreuses preuves. Selon le premier vicaire de la paroisse, le domaine royal avait été élevé à proximité de la rue de l'Abreuvoir, dont « la tradition populaire » prétendait être « la place du palais du roi Dagobert ». Mais comment cette demeure s'était-elle fixée ici et pourquoi à cet endroit, bien éloigné de Paris ?

*

Sous l'Antiquité, le domaine de Clippiacum n'a pas encore d'importance particulière. Il faut attendre le Haut Moyen Âge, tandis qu'elle dépend de Saint-Denis, pour la voir accueillir une vaste abbaye. Selon les règles de l'époque, c'est l'indispensable prérequis à toute construction d'un palais à proximité.

Un événement décide les autorités royales à faire édifier cette demeure, qui établit la réputation du lieu. La proximité avec la Seine et des chasses plus régulières sont à l'origine des premières villégiatures, qui allient aussi le calme des forêts environnantes aux retraites spirituelles. Désormais appelée Clipiac, la ville accueille le dauphin Dagobert pour de fréquents séjours, de plus en plus nombreux à mesure que les années passent.

Dagobert s'unit à Gomatrude au palais de Clichy

Le futur roi des Francs choisit de s'éloigner de la cour pour recevoir la soumission du duc de Bretagne Judicaël. À l'abri des regards et cherchant à imposer son influence au détriment de son père, Clotaire II, que l'on dit tyrannique, il ne met pas longtemps à se décider. Il est vrai que la modeste cité réunit toutes les qualités, permettant à la fois d'être assez distante du centre politique mais aussi d'attirer les grands du royaume par ses riches forêts giboyeuses et ses activités fluviales. Bref : Clichy offre un accès direct aux grandes distractions de cette époque.

Le palais voulu par Dagobert est alors entièrement construit en bois – ce qui explique pour une large part le peu de traces laissées. Malgré cet aspect qui pourrait nous sembler provisoire, il devient l'un des principaux domaines, accueillant la quasi-totalité des manifestations royales, à commencer par l'événement le plus important de toute famille régnante : le mariage du dauphin.

Le futur « bon roi », avant de devenir le plus populaire monarque de son siècle, a connu une trajectoire mouvementée. Né de l'union du roi avec Bertrude, donc neveu par sa mère de sainte Gerberge, il a vu le jour selon toute vraisemblance en 602 – certains chroniqueurs estimant sa naissance à deux ou trois années près. Par sa solide formation intellectuelle et ses amitiés, il prend rapidement la mesure des particularismes de son territoire par les nombreux voyages qu'il entreprend au cours de son adolescence, considérant très jeune qu'il ne pourra s'imposer que par la popularité gagnée auprès de ses sujets. En composant ainsi avec les traditions païennes et les nouvelles croyances répandues dans les territoires environnants, il déplore cependant l'émergence de deux familles importantes, notamment celle du maire du palais Pépin, tandis que lui choisit de se rapprocher du duc Ega dont il se fait un fidèle allié.

Dagobert lui-même se voit associé aux décisions gouvernementales dès 622, siégeant au conseil et apparaissant déjà comme le digne successeur de son père. Deux ans plus tard, il est nommé monarque d'Austrasie et prend attache avec l'évêque de Metz, le futur saint Arnoul, qui profite de sa présence sur ses terres pour mieux agir sur le cours des événements. Pourtant à peine âgé d'une vingtaine d'années, Dagobert a compris qu'il ne lui restait qu'une étape à franchir : convoler en justes noces, ce qu'il fait avec Gomatrude.

Le roi Clotaire II, contraint par son propre fils à se déplacer sur ses terres, préside aux cérémonies de Clichy. Lui-même est marié avec la sœur aînée de la future épouse, Sichilde, et cette double union doit définitivement sceller l'alliance avec l'Aquitaine que dirige leur beau-frère commun, le seigneur Brodulphe. La présence attestée de tous les députés, des membres de la cour des deux monarques complices et de l'ensemble des grands, appartenant aux royaumes de Neustrie et de Bourgogne, atteste de la portée symbolique des épousailles.

Pendant trois jours, les festivités battent leur plein. Une succession de bals, banquets et jeux mobilisent des centaines de valets et domestiques. Mais les cérémonies à peine achevées, une violente dispute oppose Clotaire à son fils Dagobert. Ce dernier exige de diriger comme bon lui semble son royaume d'Austrasie, qui a déjà été amputé de la Champagne et des dépendances aquitaines et provençales avant de lui être remis. L'influence du père lui apparaît insupportable. Après plusieurs échanges et demandes faites auprès des influents membres de l'assemblée composée des douze grands seigneurs du royaume, qui forment le conseil privé, la sentence tombe : pourtant nommés par le roi, tous donnent raison au prétendant.

C'est un véritable camouflet pour le souverain. L'explication est simple : tous se sont vu promettre domaines et pensions, les gages de gratification ayant été plus nombreuses d'un côté que de l'autre. Après cette décision, Dagobert s'impose définitivement. Il décide de garder Clichy comme lieu de pouvoir, y tenant de nombreux conciles ainsi que des réunions familiales, en plus des grandes festivités qui se répètent. C'est sous les voûtes de son palais qu'il reçoit une députation venue du Pays basque, venue implorer, si l'on en croit le chroniqueur Frédégaire, la « clémence royale ». Cette entrevue « avec des peuples de la Gascogne » permet à une délégation conduite par le duc Aynand, menacée par de multiples envahisseurs, de se réfugier pour un temps dans l'église de Clichy, avant de pouvoir repartir en ses terres escortée par une forte armée de mercenaires payée par l'administration royale. Ce droit d'asile accordé s'étend ensuite à l'abbaye de Saint-Denis, toute proche et dont dépend Clichy, les sujets ayant compris qu'ils pouvaient bénéficier de la protection du souverain et du clergé chrétien dont la puissance ne cesse alors de s'affirmer.

Deux ans plus tard, en ces mêmes lieux, un meurtre est cette fois perpétré. La mort du gouverneur du palais Ermenaire, en poste auprès de l'autre fils de Clotaire – prénommé Charibert –, bouleverse le fragile équilibre maintenu depuis plusieurs années par le cercle familial : deux camps s'opposent désormais. L'assassinat commandité par Dagobert est exécuté par un chef saxon, Ægina. Le beau-frère du roi Brodulphe cherche à laver l'affront qui lui a été fait lors des semaines précédentes.

Mais le sicaire allemand poursuit la lutte. Il réunit ses troupes et s'avance à Montmartre où son adversaire, le propre frère du roi, les attend. Après avoir été battu, Charibert, le cadet, est contraint de se soumettre à l'aîné.

En 628, Dagobert, désormais seul maître, se rend dans les provinces de son royaume. Le périple débute par la Bourgogne. Comme le rapportent les témoins,

> ce fut une tournée triomphale. Le cortège était admirablement composé, rien n'y manquait, mais ce qu'il y avait de nouveau, c'était la présence de la reine Gomatrude. Dagobert faisait à la femme une place éclatante. Elle apparaissait aux populations bourguignonnes trônant sur un char immense, étincelant d'argent. Des jeunes filles, parées des plus gracieuses étoffes, de colliers et de bijoux, formèrent, à cheval et tout autour du char, la plus charmante garde d'honneur. On aurait pu croire que, puisqu'il l'environnait de tant d'éclat, Dagobert avait tout au moins quelque sympathie pour sa femme. Mais Dagobert eut l'air de s'apercevoir tout à coup de ce qu'il ne pouvait pourtant pas ignorer : la reine Gomatrude ne lui avait pas encore donné d'héritier. La stérilité est une chose impardonnable pour une reine. Comme Dagobert achevait sa tournée triomphale, et de Sens se dirigeait sur Saint-Denis, il eut soin, en passant, de s'arrêter à sa villa de Romiliacum, [c'est à-dire de Neuilly], et là, il ne trouva rien de mieux que de répudier Gomatrude.

Une nouvelle fiancée doit lui être présentée. Impatient, il lui faut cependant attendre l'année suivante, en 629, pour que la disposition ne soit officiellement acceptée. Seule la mort du roi Clotaire permet à cette répudiation d'être entérinée. Il prend alors pour seconde épouse Nantéchilde, puis finit par la délaisser pour les mêmes raisons qu'avec la première et choisit cette fois pour simple concubine une certaine Ragnetrude dont la dot possède des « avantages » indéniables. C'est elle qui lui donne le fils tant espéré, que l'on nomme alors Siegebert. Pour servir de théâtre au baptême de l'hériter tant espéré, le palais de Clichy est de nouveau choisi par Dagobert. Les fêtes organisées sont, pour ces raisons, plus ostentatoires encore que pour le propre mariage du souverain.

Mais le palais ne résistera pas à la nouveauté. Se lassant des lieux, la cour s'installe cette fois à Rotoialum (Rueil-Malmaison) et, au fil des époques, Clichy est abandonnée. Sous la dynastie carolingienne, elle disparaît entièrement, les invasions vikings, notamment celle de 885, détruisant ses derniers bâtiments, en partie abandonnés.

*

Actuellement, Clichy n'a pas oublié son illustre souverain. Une rue a été baptisée au début du XXe siècle du nom de Dagobert, à la suite des fouilles ayant révélé plusieurs vestiges et sépultures. Est-ce pour autant la preuve irréfutable que le palais se trouvait à cet endroit précis dans la commune ? Difficile d'être aussi catégorique mais l'appartenance ne fait aucun doute, à commencer pour les associations historiques locales.

Une autre preuve semble récemment avoir été apportée. En 1992, près d'un siècle après les quelques découvertes éparses, de nouvelles structures ont été mises au jour non loin des premières, en particulier quatre poteaux « définissant une pièce rectangulaire et des éléments de mortier de cette époque ». Relancée, l'investigation a repris.

Les visiteurs, notamment les plus jeunes d'entre eux, sont invités dès l'âge de 7 ans à se mettre dans les pas du monarque. Un jeu de pistes, proposé par l'office de tourisme, invite, quatorze siècles après les événements, à faire découvrir les espaces et autres domaines patrimoniaux dans un livret intitulé « Le petit parcours du roi Dagobert ».

Conçu comme un court et rapide rallye, ce fascicule d'une dizaine dc pages incite à mener l'enquête, qui se double d'une course initiatique. En suivant un plan de la ville, le jeune détective doit retrouver les indices qui le conduiront à lever le voile sur la grande énigme qui agite les esprits depuis plusieurs décennies.

Pour agrémenter le trajet, on découvre la raison de l'appellation même de la ville : « Au cours des siècles suivants, de nombreux seigneurs viennent chasser dans les garennes, des domaines de chasse qui leur sont réservés et dans lesquels on voit de nombreux lapins, d'où le nom de Clichy-la-Garenne. » Suivent les évocations du duc de Vendôme, fils légitimé du roi, de l'architecte Bertrand Sincholle et du *designer* Jean Prouvé, de la danseuse La Goulue, ainsi que de l'écrivain Henri Barbusse. Une rue rend même hommage à l'auteur du *Feu* (Prix Goncourt 1916). Sans oublier le poète Aimé

Césaire, dont la maison des associations a pris le nom depuis 2010.

Les participants à ces visites peuvent ensuite faire halte au centre des allées Gam. C'est en ces lieux qu'ont été proposées fêtes, cérémonies mais aussi décisions politiques de premier ordre prises par un roi que la postérité a qualifié de « fainéant ». Entendons par là : « d'opérette ». Les réputations ont parfois la vie dure...

CHAPITRE 6

La victoire de Charles Martel à Poitiers

Ayant conservé le plus d'églises entre ses murs, Poitiers domine aisément le classement des cités religieuses de France. Non seulement la « ville aux cent clochers » mérite sa réputation, acquise pendant près de sept siècles de constructions chrétiennes, mais elle le doit avant tout à son influence née au fil des siècles.

La cathédrale Saint-Pierre, érigée à la fin du XIIe et au début du XIIIe siècle, s'insère au milieu d'un tissu religieux comptant cinq paroisses où plusieurs dizaines d'édifices et hauts lieux religieux, telle l'église Notre-Dame-la-Grande, forment un étonnant paysage bâti. À cela plusieurs raisons, tant géographiques que spirituelles. Il n'est que de rappeler l'installation dès le Haut Moyen Âge de multiples sites d'inhumation, à la fois de saints ou de souverains - dont celui de sainte Radegonde, l'ancienne épouse du roi Clotaire Ier - pour saisir l'importance de Poitiers au sein de la communauté. Située sur la route menant à Saint-Jacques, il est vrai qu'elle accueille une forte présence de pèlerins, en chemin vers le Sud-Ouest.

Jusqu'en 1789, les édifices sont préservés : on en recense vingt-quatre avant la vague révolutionnaire. Progressivement marquée par la lente déchristianisation qu'impose ensuite le gouvernement de la Terreur, Poitiers est alors considérée comme l'un des grands foyers du culte marial. Ses églises sont rendues au culte avec le Concordat, puis reprennent leur rôle, la Restauration ne faisant qu'accélérer le mouvement. Si la ville reste un haut lieu de mémoire, sans doute faut-il y lire aussi une preuve de résistance passée, que le retour d'un roi Bourbon sur le trône aura permis pour une large part d'assurer pendant les années d'exercice du pouvoir.

*

Dans la première moitié du VIIIe siècle, la situation est des plus critiques. Dès 732, la remontée de Sarrasins venus d'Espagne alerte les autorités franques. De puissantes troupes, après s'être fixées au sud de la péninsule Ibérique pendant plus de vingt ans, ont cette fois atteint Pampelune. Leur progression est rapide. L'incroyable cavalcade passe par Bordeaux puis Saintes, ce qui ne manque pas d'inquiéter Paris. Vingt mille combattants dirigés par Abd al-Rahman, gouverneur d'Andalousie, s'apprêtent à fondre sur l'ensemble du territoire, en particulier plus au nord, cherchant à gagner Limoges et Bourges.

Ces soldats aguerris ont emprunté l'ancienne voie romaine qui traverse le pays en direction de Paris et qui doit les conduire à Tours, lieu du sanctuaire de saint Martin. En route, sans rencontrer de fortes oppositions, ils font leur entrée dans Poitiers.

L'antique cité de Lemonum est réputée pour sa position stratégique. Un oppidum a longtemps été installé sur son principal promontoire et son nom, qui signifie l'« ormeraie », se justifie par les forêts qui l'entourent. Théâtre de l'une des dernières batailles de la conquête des Gaules par César, elle abrite l'une des plus fortes communautés religieuses d'alors, au sein de l'abbaye de Sainte-Croix (actuelle Saint-Benoît).

Après un court siège, la ville est contrainte de se rendre. Le pillage mené par les troupes dévaste entièrement les habitats, faisant de nombreuses victimes. Un incendie gagne la basilique Saint-Hilaire avant que, bien plus loin, le monastère de Saint-Émilion ne disparaisse à son tour dans les flammes.

Les combattants arabes ne s'arrêtent pas là. Un important combat, après une ultime étape à Sénone, doit se tenir sur les bords du Clain, près du village de Moussais, entre Poitiers et Châtellerault. Pendant l'Antiquité, c'est aussi là qu'un oppidum avec un vaste amphithéâtre avait été érigé. Plusieurs ruines continuent d'ailleurs d'agrémenter, en cette année 732, les abords du futur champ de bataille.

L'arrivée d'un homme providentiel va tout changer. Titré *dux* (entendre : duc des Francs), Charles est arrivé sur place dès la mi-octobre. Fils de Pépin d'Héristal, l'ancien maire du palais auquel il a succédé, il est depuis l'âge de 30 ans le chef militaire et civil qui dirige les opérations au nom du monarque. Son influence grandissante ne va pas cesser avec cette nouvelle mission, bien au contraire. Sorti vainqueur à Amblef, Vincy et Soissons, son aura impressionne tous les soldats du royaume. Sa puissance de « marteau » humain lui vaut son surnom de « martel »...

Devant les terribles revers subis par l'ensemble des villes, il a donc naturellement été appelé à la rescousse par le clergé de la région. Les alliances entretenues par son roi Thierry IV avec quelques puissants voisins européens lui permettent de disposer de quelques troupes saxonnes, mais pas suffisamment. Aussi Charles Martel laisse-t-il croire à ses adversaires omeyyades qu'il dispose de troupes plus importantes sur ses arrières. Protégé du regard par la déclivité du paysage environnant, il profite pendant sept jours de l'attentisme de ses adversaires pour mieux préparer ses soldats. Les troupes franques sont désormais rejointes par les armées du comte Eudes d'Aquitaine, au départ venues prêter main-forte à Charles à Paris mais ayant dû emprunter le chemin inverse pour se joindre à leurs alliées.

Le 24 octobre, Abd al-Rahman fait alors l'erreur d'abandonner le plateau de Velaudon sur lequel il avait disposé ses effectifs et fond avec l'ensemble de ses escadrons sur les forces rassemblées. Il est loin d'imaginer la réaction qui l'attend. Dès le lendemain, comme le rapportent les chroniqueurs du temps, tandis que « l'armée musulmane se forme en un redoutable cercle sous le plateau de la Brosse, dans le but de renouer ses deux extrémités au-delà du camp des Français », le choc qu'elle s'apprête à subir va atténuer son enthousiasme.

> La gauche de ce cordon allait au village des Quenets ; le centre avait la voie romaine pour appui ; l'aile droite s'avançait à Pudoux, sur le flanc de la colline, à très petite distance de la Brosse. En présence de ce vaste front de bataille qui le cernait de trois côtés, Charles Martel détacha de ses guerriers une troupe à qui il fit franchir le vallon à sa gauche, et qu'il porta sur le revers du coteau opposé, afin d'arrêter

l'effort des Sarrasins dans cette partie de leur attaque et d'empêcher leur jonction au-dessus de son camp. C'était une diversion fort habile, car en se protégeant de la sorte il rendait la défaite de l'ennemi plus probable en prenant par le côté ces flots de soldats qu'allait déconcerter le résultat du combat sur leur gauche et le centre.

Les charges arabes sont arrêtées en plein élan par la véritable barrière de fer que constituent les Francs, ces derniers bénéficiant, à l'inverse de leurs adversaires, de lances, casques et cottes de maille qui les protègent parfaitement pendant les combats. La contre-attaque est ensuite menée par la cavalerie lourde qui, plus puissante et surtout mieux armée, parvient à repousser l'adversaire au-delà de son camp de base.

Dans la mêlée, terrible, et dont on prétend que les rivières environnantes prennent le rouge du sang des victimes, meurt aussi l'un des chefs arabes, prénommé Moussa, et qui donnera son nom au village de Moussais. Abd al-Rahman, acculé à son tour au plateau de la Chenaud, y perd la vie – une autre tradition prétendra qu'il aurait été mortellement atteint à la bataille de l'année suivante, non loin de la ville du Lot (appelée Martel en mémoire du vainqueur).

Les Sarrasins sont alors dispersés et fuient dans le désordre le plus complet. Tout juste l'état-major arabe a-t-il le temps d'inhumer son chef sous un tumulus provisoire, avant de quitter les lieux, laissant sur place dans la précipitation tentes et armes, butins et effets personnels. Le combat prendra plus tard le nom de « bataille du Pavé des Martyrs ».

Par sa victoire, Charles gagne ses ultimes lauriers, le pape Grégoire III l'élevant au rang de *subregulus* (sous-régulier) et l'appelant même « très chrétien ». La lettre adressée quelques semaines plus tard par le souverain pontife précise : « Votre foi et votre nom seront célébrés et bénis en toutes les nations... »

Malgré tout, la conquête ennemie n'est pas achevée et de nombreux raids atteignent ensuite Avignon puis la Bourgogne, jusqu'à Autun et Luxeuil-les-Bains. Il faut alors tout le sens de l'organisation du maire du palais pour que la situation soit de nouveau rétablie. Une vaste restructuration suivie d'une profonde réforme militaire permet aux troupes franques de bénéficier de moyens plus importants, en particulier avec les chevaux mis à la disposition des combattants par de judicieuses réquisitions à travers l'ensemble du territoire. Trente-cinq ans plus tard, les dernières troupes arabes quittent définitivement le royaume.

Après la mort du roi Thierry IV en 737, Charles décide de ne pas prononcer, comme l'y oblige pourtant la tradition, la succession du roi. Sans remplaçant désigné, il capte l'héritage royal et conserve la puissance pour son propre compte. Il peut ainsi transmettre la couronne à ses fils, dont le fameux Pépin le Bref qui règne à partir de 741. Poitiers, ville de résistance, aura, sans le savoir, favorisé un changement dynastique.

En 1569, les guerres de Religion prennent pour théâtre la cité poitevine, à travers le long siège mené par les troupes protestantes de l'amiral de Coligny. Et, lors de la reconquête ayant suivi le débarquement de Normandie en 1944, elle subit les bombardements alliés qui détruisent une grande partie de ses bâtiments du centre-ville. Mais rien de comparable à la bataille conduite par l'aïeul de Charlemagne.

*

Treize siècles après l'affrontement, la victoire de 732 continue d'alimenter les polémiques. En 2015, au lendemain des attentats contre les dessinateurs du journal *Charlie Hebdo*, plusieurs manifestants arborent sur leurs vêtements le slogan « Je suis Charles Martel ». Plusieurs tribunes médiatiques dénoncent une lecture biaisée d'un combat lu comme un choc des civilisations. Coupant court aux débats, Laurent Theis affirme dans *Le Point* :

> Cette histoire relève du fait divers. Charles Martel a arrêté un raid de Sarrasins qui s'apprêtaient à rentrer chez eux après avoir fait du butin. [...] Certains historiens pensent que l'émir Abd al-Rahmân (le général à la tête des troupes berbéro-musulmanes qui trouva la mort lors de la bataille de Poitiers) voulait s'établir en Aquitaine. D'autres comme moi pensent qu'il s'agissait de simples expéditions, ravageuses mais ponctuelles, engageant de faibles effectifs.

Poursuivant son analyse et en réponse à la question « Charles Martel n'a-t-il tué que des musulmans ? », le biographe de Dagobert et Charles le Chauve poursuit :

> En voulant étendre son pouvoir sur la Provence, Charles, duc des Francs, a massacré de nombreux chrétiens de la région, dont certains pouvaient préférer cohabiter avec des musulmans, voire passer alliance avec eux, que de subir la

dominatión violente de demi-barbares venus du nord. Il a détruit des cités comme Nîmes ou Agde, tapant indifféremment sur les musulmans et sur les Provençaux. C'est alors qu'il a mérité son surnom de Martel qui désigne celui qui « tape dur ». Il fut surtout connu pour cela. Les chroniques arabes, elles, signalent la bataille de Poitiers comme un simple incident. Par ailleurs, Charles Martel a aussi accaparé des biens d'Église pour rémunérer ses guerriers. Aussi existe-t-il une légende noire (soit une perception négative d'un personnage ou d'un événement historique généralement infondée ou partielle, et qui peut se confondre avec la vérité historique) selon laquelle il aurait brûlé en enfer pour ses méfaits.

Et de conclure :

Au XIXe siècle, quand le thème de la nation a commencé à se développer, la légende du héros protecteur est réapparue, [notamment] à partir de 1870. Mais jamais intensément. Pendant la guerre d'Algérie, un colon d'extrême droite s'appelait Robert Martel. Arborant l'insigne d'un cœur surmonté d'une croix, il a cultivé le parallèle avec Charles Martel. Le mythe a [ensuite] été récupéré par le mouvement Occident.

Quelques mois plus tard, c'est au tour de la commune de Vouneuil-sur-Vienne, au sud de Châtellerault, de se voir critiquée pour une exposition de panneaux en plein air. S'appuyant sur les travaux de l'historien Michel Rouche, l'un des textes fait ainsi passer Charles Martel pour un « bâtard, deux fois illégitime – par sa naissance et pour avoir osé mettre la main sur la dynastie mérovingienne - [car] il fallait évidemment une justification à son pouvoir de fait. Elle ne pouvait venir que de l'Église ». Le collectif d'extrême droite *Résistance républicaine* reproduit aussi le cartel où l'historien Henri Pirenne affirme, en 1935, que « cette bataille n'a pas l'importance qu'on lui attribue. [...] Si Charles avait été vaincu, il n'en serait résulté qu'un pillage plus considérable ».

L'événement n'a pas fini de faire couler l'encre. Perçu comme un « mémorial » antichrétien pour les uns, comme un simple parcours de randonnée allant de « Charles Martel aux meules du Pinail » pour les *Sentiers de France*, la bataille de Poitiers reste avant tout un important symbole.

CHAPITRE 7

Verdun et l'héritage de Charlemagne

Les bords de Meuse sont le plus souvent associés aux combats de la Grande Guerre. S'ils n'évoquent que rarement les temps anciens, les environs de Verdun incitent pourtant à rappeler la situation d'une cité marquée par des siècles de bouleversements politiques.

La ville recèle de nombreux trésors patrimoniaux. Ancien ensemble fortifié, elle dispose d'entrées monumentales, plus particulièrement la porte Chaussée ayant longtemps fait office d'accès principal, ainsi que la porte Saint-Paul avec ses deux arches et son pont-levis. Siège d'un puisant évêché, son rôle dans la chrétienté occidentale se voit confirmé par l'importance du palais épiscopal qui lui est dédié à partir de 1724, selon les plans de l'architecte Robert de Cotte, et qui accueille notamment depuis 1990 le Centre mondial de la paix. Plusieurs siècles séparent l'inauguration de ce musée de l'événement phare de la ville.

*

Par l'installation d'un oppidum, les Celtes sont les premiers à profiter du point de vue qu'autorise la déclivité du terrain dominant les forêts alentour. À la fin de l'Antiquité et au Haut Moyen Âge, la situation n'évolue guère, avant qu'un accord politique ne vienne troubler la quiétude locale.

Au cours de l'année 843, la succession dynastique qui inquiète les Carolingiens prend un tour nouveau. L'unité de l'Europe occidentale, placée sous l'autorité des successeurs de Charlemagne, a volé en éclats. Héritier de son illustre grand-père, Charles le Chauve s'apprête à dessiner les futures lignes de la France actuelle en dépeçant les territoires pourtant dévolus à ses deux autres frères par testament de leur père, Louis le Pieux, en 840. Mais Lothaire et Louis, ses frères, ne l'entendent pas de cette oreille.

Le savant équilibre trouvé par le grand empereur carolingien au moment de son couronnement à Rome, le jour de Noël 800, entre ses différents fils n'est qu'un lointain souvenir. La constitution de 817 a tenté de sauver les apparences, mais chaque prince a cherché à conserver ses biens sans trouver d'alliance avec les autres héritiers. Dans un premier temps, l'Aquitaine a voulu recouvrer son autonomie vis-à-vis de Pépin II, que plusieurs générations depuis Charles Martel avaient laissée de côté, marquant les débuts d'une inéluctable séparation.

La proclamation de Lothaire à Ingelheim, qui fixe son règne à l'an 1 de son retour en France et rétablit sur le trône de l'évêché de Reims l'archevêque Ebbon (pourtant déposé en 835), met le feu aux poudres. L'invasion des terres de son frère Charles prend une tournure dramatique, les troupes atteignant rapidement Senlis après des combats épars et sans éclat.

Selon les *Annales Bertiniani* d'Hincmar, tout se joue en octobre 839 :

> Charles ayant quitté Metz pour Worms, rencontra son frère Louis dans cette ville. Ils y demeurèrent assez longtemps et des envoyés coururent alternativement entre eux et Lothaire ; et ayant discuté beaucoup et longtemps du partage, on convint enfin de faire parcourir toutes les régions soumises à l'autorité de chacun par des délégués chargés de procéder avec soin à un inventaire d'après lequel, au temps fixé, une très égale division du royaume entre les trois frères serait accomplie irrévocablement [...].

Les combats se poursuivent et permettent de jauger des forces en présence. Pendant ce temps, les deux plus jeunes frères se sont réunis et cherchent à abattre leur aîné. Une bataille décisive se tient le 25 juin 841, mettant aux prises plus de 1 500 soldats. Les troupes de Charles se sont rendues sur place en ayant remonté la Seine, au moyen de vingt-huit navires chargés de munitions.

Avec des effectifs en infériorité numérique, Lothaire comprend que la partie est perdue. Devant Orléans, précisément à Fontenoy-en-Puisaye, il abandonne sur place 200 cadavres, notamment ses fantassins sabrés par les dizaines de cavaliers réunis. Malgré le soutien de Pépin II, il lui faut reconnaître sa défaite face à Charles le Chauve et Louis le Germanique.

Aucun accord n'est cependant trouvé. Un semblant de réconciliation, non loin du tombeau de saint Germain à Auxerre, ne dupe personne : le simulacre ne prend pas. Tout est à refaire.

C'est donc à Strasbourg, dans l'actuel quartier de la Meinau, que Charles et Louis décident de se retrouver. Dans une mise en scène grandiloquente, ils promettent de ne se séparer avant d'avoir conclu un accord juste :

> Pour l'amour de Dieu et pour le peuple chrétien et notre salut commun, à partir d'aujourd'hui, autant que Dieu me donnera savoir et pouvoir, je secourrai ce mien frère Charles par mon aide et en toute chose, comme on doit secourir son frère, selon l'équité, à condition qu'il fasse de même pour moi, et je ne tiendrai jamais avec Lothaire aucun plaid qui, de ma volonté, puisse être dommageable à mon frère Charles.

Une partie des officiers se joint à la prestation, sous le regard d'une population qui, pour la première fois, se voit associée à l'événement. D'importantes festivités scellent l'union des frères qui, pour bien faire comprendre qu'il ne s'agit pas d'un accord de circonstance mais d'une plus profonde alliance, partagent leurs repas et vivent sous le même toit.

Apprenant l'événement et se sentant isolé, Lothaire repousse malgré tout une ultime offre de médiation. L'entrée de ses frères à Coblence puis à Aix-la-Chapelle lui impose de s'entendre avec eux. Réfugié un temps à Lyon, il cède à leurs attentes et accepte de les rejoindre à Verdun. C'est là que tout doit se régler.

Quelque 120 commissaires, représentants de l'autorité dans les provinces, sont convoqués pour organiser non seulement les conférences, mais aussi les négociations et tenir des plaids préparatoires. La ville, choisie pour sa position centrale entre les routes commerciales du Nord et de l'Est, est aussi un lieu de marchés et d'échanges connu de tous les contemporains. De nombreuses chambres sont d'ailleurs disponibles pour accueillir diplomates et ambassades, ce qui facilite le travail des maisons royales. À Verdun, ancien carrefour des voies romaines ayant longtemps appartenu à l'Austrasie, c'est l'évêque Hilduin qui préside les cérémonies se tenant en sa cathédrale en ce mois d'août 843.

Les chroniques de Hincmar précisent que les discussions sont longues et difficiles. Enfin, après plusieurs jours, le 10, l'acte est enfin signé :

> Charles venant au-devant d'eux pour traiter, les frères se réunirent à Verdun. Là, le partage fut fait : Louis reçut tout ce qui est au-delà du Rhin, et en deçà du Rhin les cités de Spire, Worms, Mayence et leurs *pagi* ; Lothaire, ce qui est entre le Rhin et l'Escaut jusqu'à la mer, et de l'autre côté par le Cambrésis, le Hainaut, les pays de Lomme et de Mézières et les comtés qui avoisinent la Meuse, jusqu'au confluent de la Saône et du Rhône et le long du Rhône jusqu'à la mer, avec les comtés qui de la même façon lui sont contigus. Hors de ces limites, Lothaire obtint seulement Arras de l'humanité de son frère Charles. Le reste jusqu'à l'Espagne fut abandonné à Charles. Après avoir fait les serments, ils se séparèrent des deux côtés.

On l'a compris : Lothaire n'est pas spécifiquement exclu de l'héritage carolingien et conserve le titre de roi des Francs. Mais à la différence de ses frères, il ne possède plus qu'une longue bande de terre, comprise entre Lorraine actuelle, Bourgogne et Italie. Pris en étau entre les deux autres royaumes, sa présence n'est que théorique.

Selon le poète Florus, le drame couve :

> Hélas ! où est-il cet empire qui s'était donné pour mission d'unir par la foi des races étrangères et d'inspirer aux peuples domptés le frein du salut ? Il a perdu son honneur et son nom. Au lieu d'un roi, il y a un roitelet : au lieu d'un royaume, des fragments de royaume.

Surtout, l'idée impériale qui pouvait encore poindre dans les ultimes présentations publiques ou au bas des parchemins, disparaît. Lothaire a beau conserver, par compensation, les villes d'Aix-la-Chapelle et de Rome, sa position entre les terres gauloises et germaniques rappelle qu'il ne peut plus prétendre à une plus importante domination territoriale.

Pour fixer définitivement l'accord, le texte paraphé à Verdun – dont l'original a aujourd'hui disparu – est déposé et contresigné par le pape Grégoire IV. Charlemagne, qui avait tant cherché à se détacher de la tutelle pontificale, a dû se retourner dans sa tombe...

L'instant solennel de 843 permet de rééquilibrer les forces politiques du moment, mais rien n'oblige désormais la fratrie de se réunir comme elle le faisait encore lors des décennies précédentes, autour du tombeau du glorieux prédécesseur.

Trois ans seulement, et la guerre reprend. Théâtre de cette véritable « mascarade », la ville de Verdun entre en conflit ouvert entre royaume franc et terre germanique. Même les évêques sont nommés par les successeurs de

Louis, notamment par Otton qui sera couronné empereur en 962 et réactivera un temps la fonction suprême. Malgré tout, il faudra attendre dix siècles et le Premier Empire français pour qu'une telle extension territoriale soit à nouveau d'actualité et que Charlemagne se trouve un véritable héritier.

*

Verdun reste aujourd'hui un lieu marqué par les luttes, à la fois politiques et militaires. Le fort de Douaumont, avec son imposant ossuaire qui domine les grands cimetières aux croix alignées, intéresse davantage les touristes que la ville elle-même. Parmi les autres lieux chargés de mémoire, il ne faut pas oublier le fort de Vaux, autre symbole de résistance à l'envahisseur. Bombardé pendant plus de trois mois, entre mars et juin 1916, il a vu s'abattre près de 8 000 bombes sur ses contreforts signés Séré de Rivière : ne disposant que d'une modeste garnison, il a été dirigé avec maestria par le commandant Raynal. La demi-compagnie d'infanterie n'était dotée que de « deux sections de mitrailleuses, cinquante-deux auxiliaires de place forte, et 279 hommes ». Assiégée lors des sept derniers jours, sans eau ni vivres, elle tenta d'appeler des troupes à sa rescousse, quatre pigeons voyageurs étant envoyés de l'autre côté du front dont le dernier, Vaillant, fut élevé au rang de héros. Décoré d'une bague d'honneur avec citation à l'ordre de la Nation, l'oiseau a même eu droit à un film d'animation.

Tout autour, les combats se sont poursuivis. Pendant dix mois de combats intenses, qui saignèrent la région, près de 160 000 Français et 140 000 Allemands tombèrent sous les balles ou les obus.

Les visites commémoratives passent aussi fréquemment par la Voie sacrée, dont les 65 kilomètres forment autant de jalons d'une cicatrice jamais refermée. Mémorial de l'entente franco-allemande, le Centre mondial de la paix accueille régulièrement conférences et expositions, en lien avec cette douloureuse histoire. Parmi les récentes présentations, une sélection de cadeaux diplomatiques reçus par les différents chefs d'État a permis de redécouvrir les échanges de présents qui continuent de régir les relations internationales.

Deux autres instants, directement liés à la guerre 14-18, ont également servi de point d'ancrage à cet apaisement. Le 7 avril 2016, en marge d'un sommet se tenant à Metz, François Hollande et la chancelière Angela Merkel se sont retrouvés dans Verdun où ils ont lâché « des ballons frappés de la colombe de la paix ». Tandis que les discussions tournaient autour du Brexit, « à un mois du référendum britannique qui doit décider le 23 juin du maintien ou non du Royaume-Uni dans l'Union européenne », plusieurs cérémonies ont été mises en scène par le cinéaste allemand Volker Schlöndorff, avec notamment 3 400 jeunes français et allemands se réunissant au son de la *Marche héroïque* de Beethoven.

Avant eux, le 22 septembre 1984, pour marquer les soixante-dix ans du conflit, Helmut Kohl et François Mitterrand s'étaient rejoints pour, main dans la main, rendre hommage devant l'Ossuaire aux combattants sacrifiés. Expliquant, quelques années après, ce geste resté dans les mémoires, le président français raconta :

> Nous n'en avions pas parlé le moins du monde. Mais, nous trouvant debout devant le cercueil [...], instinctivement, je

me souviens, je me suis tourné vers lui, je lui ai tendu la main. Sa main est venue en même temps.

La raison est aussi personnelle, comme l'explique le directeur du Centre mondial de la paix, Philippe Hansch : « Le grand-père de Kohl avait été blessé pendant la Première Guerre mondiale à Verdun, et Mitterrand a été arrêté à côté de Verdun pendant la deuxième. » L'instant solennel rappelait le sacrifice des milliers de jeunes appelés ou engagés dans une lutte fratricide.

Imaginer que ces soldats, venus combattre à quelques mètres du lieu d'un partage européen tenu près de onze siècles avant eux, avaient été les victimes expiatoires d'une réconciliation carolingienne manquée, n'est pas si éloigné de la réalité. Que serait devenu le continent si, au lieu de se répartir les royaumes, les trois frères avaient conclu un accord unitaire et que, à l'issue de cet échec, l'un d'entre eux était sorti vainqueur, non de tractations passées à l'ombre de la cathédrale, mais d'une énième bataille, cette fois décisive ? Quatre années de souffrances et de drames auraient sans doute pu être évitées.

CHAPITRE 8

Compiègne, demeure des rois depuis Louis II le Bègue

Flâner dans les rues de Compiègne résume sept siècles d'architecture. Dès les premiers pas, sans même apercevoir la colonnade du château, on retrouve d'abord quelques bâtiments datant de Louis XV. Les travaux engagés par le « Bien-Aimé » pour embellir les abords de son domaine ont marqué une partie de la cité royale. Plus largement, d'un point de vue urbanistique, l'éclectisme est complet, notamment près de la gare où le visiteur se retrouve plongé dans les années 1950 avec parfois, ici ou là, quelques façades Art déco.

Après avoir repassé les rives de l'Oise et s'être engagé sur le pont de Solferino, on accède à l'Hôtel de Ville. Édifice au flamboyant style Renaissance, construit au début du XVIe siècle, il est couronné d'un délicat beffroi conçu dès 1490, au temps de Louis XII. L'ensemble, classé aux monuments historiques 350 ans plus tard par l'inspecteur (et écrivain) Prosper Mérimée, est considéré comme l'un des joyaux de la cité dès la reprise par l'architecte Viollet-le-Duc qui en a fait l'un de ses terrains de jeu préférés à partir de 1854. Le bâtiment, avec ses décors intérieurs tout autant que ses agréments ornementaux, a retrouvé son éclat. L'édifice abrite de nos jours non seulement des salles patrimoniales mais aussi, depuis plusieurs années, l'office de tourisme qui oriente les visiteurs à la recherche des souvenirs des temps passés.

*

La ville a connu une lente évolution au gré des régimes. Ancienne Compendium antique, partagée entre Bellovaques et Suessions (dont les capitales sont devenues Beauvais et Soissons), elle connaît une forte prospérité au Haut Moyen Âge. Childebert Ier puis Clotaire Ier en font leur séjour de prédilection, la giboyeuse forêt locale expliquant évidemment la présence de la cour royale dans les environs.

Au milieu du IXe siècle, tandis que le royaume est en proie aux doutes, Compiègne devient surtout le théâtre d'un épisode important qui va déterminer les siècles suivants.

Depuis le partage de Verdun, on sait la lignée des Carolingiens vouée à s'éteindre. La société franque, qui s'appuie sur une forte hiérarchie militaro-cléricale, paraît vaciller. Aux invasions normandes s'ajoutent les brigandages de toutes sortes et les scandales domestiques ou familiaux entachant pontes et autres seigneurs régionaux. Surtout, Louis II le Bègue ayant succédé depuis peu à Charles II le Chauve, les divisions dynastiques se multiplient, rendant quasi illisible la continuité nécessaire.

Si sa première épouse, Ansgarde, lui a donné deux fils – Louis et Carloman –, le second mariage de Louis avec Adélaïde prouve que la succession reste ouverte. Les luttes entre grands du royaume demeurent toujours aussi vivaces entre Hugues l'abbé, Boson et Anségise, contribuant à alimenter les rumeurs de destitution. La propre mère du roi, Richilde, se joint aux insurgés et brouille les pistes.

Aussi, pour affirmer sa puissance, le roi accepte-t-il à l'automne 877 de suivre les conseils de l'archevêque de Reims, Hincmar, et de prendre Compiègne comme lieu de sacre. Un moment qui doit lui permettre d'unir les factieux autour de sa couronne.

La proclamation initiale se tient dans le palais du Chesne, mais la cérémonie officielle du 8 décembre, présidée par le prélat, a pour cadre l'abbaye de Saint-Corneille. À l'issue de son couronnement, dans une ambiance glaciale (à tous les sens du terme), le monarque déclare :

> Moi, Louis, établi par la miséricorde de Dieu et l'élection du Peuple, je promets, prenant en témoignage l'Église de Dieu, à tous les ordres, à savoir les évêques, prêtres, moines, chanoines et nonnes, de leur garder en leur entier les règlements écrits par les Pères et corroborés des attestations apostoliques. Je promets aussi : de garder au peuple, dont, par la miséricorde de Dieu, le gouvernement m'a été confié en l'assemblée générale de nos fidèles, les lois et statuts, conformément à ce qu'ont inséré dans leurs actes les rois et empereurs qui m'ont précédé et ont ordonné de tenir inviolablement et observer à jamais.

Dès la journée passée, les ralliements se multiplient, à commencer par celui tant espéré de Hugues l'abbé qui accepte contraint et forcé de rentrer dans le rang, inquiet des avancées destructrices des Vikings sur le reste du territoire. En contrepartie de ce retour au sein de la cour, des terres sont accordées au margrave, dont la vaste abbaye de Saint-Germain d'Auxerre.

Confirmation est apportée lors du concile de Troyes, le 7 septembre 878, par le pape Jean VIII, qui cherche l'appui du roi pour maintenir sa puissance temporelle dans ses propres États. Mais les doutes réapparaissent lorsque Louis II, lancé dans une lutte contre le duc de Septimanie, tombe malade. À peine a-t-il le temps de regagner, avec bien des difficultés, son palais de Compiègne que finalement il s'éteint, après une courte agonie, le 10 avril 879, un vendredi saint.

On fait porter par l'évêque de Beauvais et un comte de son entourage « l'épée, la couronne et les autres ornements royaux à son fils Louis, avec ordre de se faire sacrer au plus tôt ». L'inhumation a lieu dans la même abbaye de Saint-Corneille, qui permet à Compiègne d'entrer dans le cercle restreint des nécropoles royales.

L'autre grande époque de la cité débute sous les Bourbons. Après les achats et aménagements de Charles V, c'est véritablement au XVIIIe siècle qu'elle retrouve son éclat. Louis XV, pour organiser ses grandes chasses, trouve dans l'ancien château une situation à la fois idéale et à l'écart des luttes partisanes que ne permettent ni Versailles, ni Saint-Germain, ni Fontainebleau. Accompagné de certaines de ses maîtresses, il confie dès 1751 à Ange-Jacques Gabriel un grand dessein architectural qui doit, en quelques mois, transformer la modeste demeure en un vaste palais. Un quart de siècle plus tard, Marie-Antoinette y trouve un « second » Schönbrunn, les balades lui rappelant sa jeunesse viennoise : la nouvelle aile avec son péristyle, ses appartements royaux, sa salle des colonnes et sa salle des gardes offrent un ravissement qui sied à la future reine.

Le choc de la Révolution disperse meubles et décors, le Directoire soldant les ultimes collections oubliées dans les placards. Comme souvent, cette paranthèse s'achève avec Napoléon. La double tradition sacrale et autrichienne, à laquelle tient tant Compiègne, revient avec éclat en 1810 au moment du mariage de l'empereur des Français avec la fille de son ancien adversaire, François Ier, lequel vient de perdre sa couronne du Saint-Empire romain germanique. Battu à Wagram après avoir été humilié à Austerlitz, celui-ci a consenti – sans avoir le choix – à offrir la main de la jeune archiduchesse Marie-Louise.

Pour la fiancée, revenir sur les lieux où sa tante Marie-Antoinette, vouée à tomber sous l'échafaud, a vécu certaines de ses plus belles années n'est pas chose aisée. D'autant qu'il lui faudra faire oublier le souvenir de Joséphine. Élevée dans la haine des républicains et par surcroît s'apprêtant à épouser l'« Ogre corse », Napoléon devra donc faire envers elle assaut d'amabilités et de délicatesse. Le mariage par procuration se tient le 11 mars dans la capitale autrichienne et c'est le maréchal Berthier qui représente son maître. On évite de rappeler qu'il vient d'être récemment titré prince de Wagram ! Pour Marie-Louise, toute honte bue, le plus difficile débute après cette mascarade. Le voyage de plusieurs jours sur les routes bavaroises et le passage de Braunau où elle quitte son ancien royaume, lui font faire halte à Ulm, Stuttgart et Karlsruhe, puis Saverne et Lunéville où elle est accompagnée par ses nouveaux sujets.

Rassurée sur l'enthousiasme populaire, elle rencontre son mari de façon impromptue. L'historien Frédéric Masson raconte que

> le 25 elle est à Nancy, le 26 à Vitry. C'est demain l'entrevue. [Napoléon] n'y peut tenir. Seul avec Murat, il part ; il dépasse Soissons ; encore quatre lieues et demie ; il arrive au relais de Courcelles ; la pluie tombant à flots, il s'embusque sous le porche de l'église et attend. Le courrier ! Les voitures ! Il se précipite. Est-ce seulement pour la voir, repartir après ? Mais l'écuyer a baissé le marchepied, ouvert la portière, crié : « L'Empereur ! » Trempé de la pluie reçue, il s'élance et, brusquement, embrasse sa femme qu'affolent ces façons. Plus d'arrêt, plus de dîner à Soissons ; au galop, et toujours trop lentement au gré de son impatience, on roule vers Compiègne ; à dix heures, sans avoir mangé, on y arrive sous une pluie qui noie les lampions, transit les spectateurs et les gardes. Au bas de l'escalier, la famille est assemblée, il la présente d'un mot ; dans le vestibule, il bouscule les petites filles à corbeilles de fleurs et les diseurs de compliments ; dans l'appartement préparé pour l'Impératrice, il improvise un souper [...].

Le plus cocasse arrive le lendemain midi lorsque, pendant que les dames de la Cour servent le déjeuner, Napoléon confie à l'un des membres de son entourage : « Épousez une Allemande, mon cher, ce sont les meilleures femmes du monde, bonnes, naïves et fraîches comme des roses. » Il a même fait ouvrir, en une nuit, une grande perspective à travers les arbres pour lui rappeler le Belvédère.

Il faut ensuite attendre cinquante ans, sous le Second Empire, pour que Compiègne réunisse autant de faste.

Apprécié de Napoléon III et surtout d'Eugénie, le château devient le théâtre des fameuses invitations impériales, appelées « séries », qui réunissent une centaine d'invités triés sur le volet. Tout ce qui compte dans le pays – aristocrates et princes étrangers, écrivains, diplomates, musiciens et scientifiques – se donne rendez-vous pour une semaine de festivités. Pasteur y côtoie Mérimée, Bismarck, la princesse Mathilde. La journée est rythmée par les « chasses, excursions, jeux, concerts et pièces de théâtre », où chacun tente d'oublier « les contraintes de l'étiquette ». Pour accueillir ce beau monde, l'homme à la moustache et à la barbiche transforme le théâtre, fait construire la galerie Natoire et réaménager le parc. Sa belle Espagnole, tandis qu'elle promène leur fils le prince impérial, demande qu'on fasse paître des moutons, comme l'avait fait autrefois Marie-Antoinette.

*

Depuis juin 2021, l'office de tourisme de Compiègne propose justement de redonner vie à ces journées de fêtes. Une « visite gui(n)dée » est programmée chaque mois, du printemps à l'automne, où les « personnages » du passé réapparaissent au détour d'un bosquet. Même si les plus anciens d'entre eux sont particulièrement mis en valeur, c'est à travers le souvenir des monarques que le domaine dans son ensemble retrouve son prestige. Ces mises en scène évoquent le temps médiéval, royal, impérial puis contemporain, dont restent fiers ses habitants. Interprétées par la compagnie La Cahute et l'association Au bord de l'eau, ces animations conduisent les visiteurs sur les pas des grandes figures ayant marqué l'histoire du château et des forêts environnantes. On y croise ainsi Jeanne d'Arc (qui y fut arrêtée), les impératrices Marie-Louise et Eugénie, ainsi que l'ancien « ennemi numéro un » et criminel Jacques Mesrine, tous ayant - de près ou de loin - influé sur le cours de l'histoire compiégnoise.

En poursuivant sa route, à quelques kilomètres, deux autres hauts lieux méritent qu'on s'y arrête. Tout d'abord la clairière de Rethondes, emplacement de l'armistice du 11 novembre 1918. Avec son wagon reconstitué et son monument commémoratif, le site permet à toutes les générations de se recueillir.

Plus loin, en direction de Soissons, le célèbre château de Pierrefonds, érigé par le duc Louis d'Orléans à partir de 1396, attire les amoureux de vieilles tours crénelées et de hauts murs. En approchant, ils découvrent surtout l'intervention de Viollet-le-Duc, le célèbre restaurateur de Notre-Dame, qui a fait du bâtiment démantelé au XVIIIe siècle et vendu comme bien national à la Révolution, puis laissé pendant cinquante ans à l'état de quasi-abandon, l'une des plus belles réussites de « réinterprétation » architecturale.

Dès l'arrivée dans la cour, on se trouve confronté aux créations de toutes sortes, comme l'étonnante gouttière-crocodile qui attire les regards. Dans un décor qui évoque les films de cape et d'épée, le visiteur est emporté au milieu des ambiances médiévales, dites troubadours, que n'auraient pas reniées un Walter Scott ou un Victor Hugo à travers leurs célèbres romans.

Au cours du XIXe siècle, une autre mode est apparue. En marge des Antiquités nationales et du fameux musée de Saint-Germain-en-Laye, les forêts de l'Oise servaient de laboratoire aux fouilles entreprises par une génération d'amateurs d'archéologie. Profitant de leurs enthousiasme communicatif, Napoléon III avait décidé d'écrire une biographie de Jules César, confiant également la redécouverte des périodes anciennes à des équipes de chercheurs chevronnés. Mais sans le couronnement de Louis II le Bègue, jamais les anciens villages gaulois ni les mythiques domaines de Gergovie ni d'Alésia n'auraient été mis au jour...

CHAPITRE 9

Guillaume le Conquérant s'impose près de Caen

Pendant très longtemps, Guillaume le Conquérant n'a pas eu de sculpture à Caen. Pour en trouver une à son effigie, il était nécessaire de faire une quarantaine de kilomètres et se rendre dans sa ville natale de Falaise.

Depuis le mois de novembre 2022, une double statue équestre du roi avec son épouse Mathilde a été érigée devant le château de la ville. L'œuvre, de près de 3,50 mètres de haut, a été réalisée par l'artiste Claude Quiesse et chacune des créations, en bronze et laiton, pèse 1,5 tonne. Pourtant, si nulle arme n'est présentée au côté de Guillaume, il faut rappeler que c'est par le fer et le feu que le souverain s'est imposé face à ses rivaux.

*

La bataille importante s'est tenue le 10 août 1047. Pour ses 20 ans, le futur roi d'Angleterre se prépare à affronter ses anciens suzerains à Val-ès-Dunes. Le descendant des anciens seigneurs vikings est né des amours illégitimes de son père, Robert, dit le Magnifique, avec une fille de tanneur, prénommée Arlette. Il ne veut plus se cacher derrière une quelconque puissance passée, comme seule la tradition danoise y consent pourtant : l'influence de l'Église sur les consciences impose de se fondre dans les mœurs françaises du temps.

C'est à 8 ans seulement, en 1035, que le jeune prince a pris la couronne de Normandie. Il porte, comme l'exige la règle viking, la lourde armure qu'avant lui avaient revêtue ses ancêtres. Pour survivre face à de menaçants seigneurs qui lui disputent son titre ou, du moins, son autorité, il a fui ses nombreux domiciles et trouvé refuge dans des châteaux forts aux défenses impénétrables. Cette fois, une bataille en bonne et due forme doit lui offrir la preuve de son irréfutable puissance.

Entouré et rasséréné par des troupes acquises à sa cause, il quitte Argences, où il s'est préparé avec soin, en compagnie d'une importante force armée. Depuis plusieurs mois, ses adversaires ont cherché à l'atteindre, en vain. La contestation, justifiée par la bâtardise, s'est doublée de plusieurs tentatives d'attentat, qui lui ont fait comprendre que sa position était cette fois difficilement tenable. Une ultime tentative, déjouée à Valognes, a confirmé les craintes.

Mieux préparé, fort de l'union avec les 10 000 hommes que lui a promis son allié le roi de France Henri Ier rencontré à Poissy, Guillaume s'installe avec ses 350 fidèles non loin de Benauville, sur les bords du Sémillon. Les glaives des combattants et les armures aux revers dorés resplendissent. À l'instar du ciel, le moral est au beau fixe.

Les aristocrates normands, avec au milieu d'eux le quatuor formé par Hamon le Dentu, Renouf de Briquessart (qui porte le titre de vicomte de Bayeux), Néel de Saint-Sauveur et Grimoult du Plessis, sont conduits par Gui de Bourgogne, seigneur de Brionne. De leur côté, seule la victoire peut être au rendez-vous. Elle est espérée par une grande partie de la communauté chrétienne, choquée par les origines bâtardes de Guillaume.

Celui-ci hésite donc avant de lancer les hostilités. Le doute s'instille dans les esprits de ses alliés. D'autant qu'on annonce l'arrivée de nouveaux soldats du côté des frondeurs. Cent quarante cavaliers, affichant couleurs chatoyantes et heaumes reluisants, sont conduits par un mystérieux combattant. La stupeur gagne les rangs. Chacun s'enquiert de l'identité du maître qui les dirige. Les premières lignes tremblent. On entend alors :

> Qui sont ceux-ci, qui s'avancent avec guimpes à leurs lances ? Sont-ils nos ennemis ? Moult sont tous de riche appareil, sagement et bien ils se contiennent. Une chose pense bien de voir, c'est que la force et la victoire seront à ceux qu'ils iront aider avec le tranchant de leur bonne épée.

Après plusieurs minutes, il ne fait aucun doute qu'il s'agit de Raoul Taisson, le seigneur de Cinglais. La rumeur prétend qu'il a rallié les barons rebelles depuis peu. Sa présence dans l'un ou l'autre camp décidera de l'issue du combat. Pour contenir ses émotions et conjurer le sort, les cris fusent de toute part. Aux « Montjoie » des uns, répondent les « Dieu aide ! » des autres.

La lutte s'apprête à s'engager. Taisson se souvient alors du serment précédemment prononcé en présence de son père. Après quelques instants de doute, il fait volte-face et accepte de rentrer dans le rang auprès de Guillaume. Arrivé aux côtés du jeune chef normand, il proclame : « J'ai juré de vous frapper partout où je vous trouverais, je me suis acquitté de mon serment ; vous n'avez plus rien à craindre de moi. »

La bataille est terrible. Le roi de France Henri Ier tombe de son cheval, blessé mais sauf. Après plusieurs heures d'affrontements et de charges à cheval, la victoire est au rendez-vous.

Défaits après une terrible journée de combats, la plupart des fantassins envoyés par les seigneurs coalisés y perdent la vie. L'Orne se remplit des corps ennemis. On retrouve sur le champ de bataille celui de Hamon tandis que Renouf, atteint par des coups répétés, a pris la fuite. Mais Guillaume lui-même a aussi manqué de périr, touché par l'épée d'un soldat venu du Cotentin.

Mi-septembre, le principe d'un concile de la trêve de Dieu est décidé. Après s'être réunis, une paix est signée mi-octobre avec les derniers survivants. Néel de Saint-Sauveur est absous par le chef et y gagne le surnom de Chef-de-Faucon. Guillaume peut désormais affirmer son autorité au vu de tous. Seul Grimoult du Plessis ne profite pas de la magnanimité du vainqueur : il est un temps emprisonné, avant d'être finalement exécuté.

Selon Charles Nodier,

> une des conséquences de la défaite des révoltés devait être la suppression du titre de comte de Bessin : Regnauld, dépouillé de cette dignité, fut remplacé par un simple vicomte. Le successeur de Hugues à l'évêché de Bayeux fut le célèbre Odon de Conteville, frère utérin de Guillaume le Bâtard. Après avoir fait construire à Port-en-Bessin et fourni à son frère plus de cent navires pour la conquête de l'Angleterre, Odon l'aida puissamment à établir sa

domination dans ce pays, et en fut nommé gouverneur en l'absence de Guillaume, avec les titres de comte de Kent et de Hereford et de grand justicier. Esprit supérieur, mais ambitieux et remuant, l'évêque de Bayeux conçut l'idée de se faire élire pape et se mêla à diverses intrigues pour arriver à ce but.

Autre conséquence, et non des moindres : à l'issue des combats, Guillaume nomme au comté de Mortain son autre frère, Robert, lequel, après plusieurs années, sera autorisé à porter, à la bataille d'Hastings, la bannière de saint Michel.

Dès lors, les vassaux normands sont soumis à leur suzerain, chacun devant lui obéir « dans la foi, en hommage et en tout service militaire ou de cour ». Personne ne peut plus se soustraire à ses obligations, en cas d'expédition ou de conquête. En contrepartie, et « sous ces réserves, ils sont les maîtres chez eux. Ainsi le comte de Mortain a le droit de suzeraineté sur les barons et les chevaliers de son comté, qui lui doivent le service militaire. Il tire de ses terres les mêmes revenus que le duc des siennes. Enfin, il a les plaids de l'épée, autrement dit le droit de haute justice ou droit du sang ».

Guillaume, fort de la soumission pleine et entière de ses anciens adversaires ainsi que de ses nouveaux vassaux, réorganise son duché. Libre de profiter de sa supériorité, il peut se préparer à entrer dans l'Histoire.

En 1052, pour mieux profiter de la richesse de son allié le comte de Flandre, il épouse sa fille Mathilde, elle-même par sa mère descendante de Hugues Capet. La foi, qui guide leurs premiers mois de mariage, les conduit à fonder non seulement des forteresses pour protéger leurs concitoyens de Caen, Bonneville et Lillebonne mais aussi à remercier le Très-Haut par la création de nombreux monastères ainsi que deux institutions, l'Abbaye-aux-hommes et l'Abbaye-aux-dames.

Sans égal, le duc de Normandie sait que son destin ne peut se contenter d'un territoire normand par trop étroit. Pour l'égo démesuré du fils de Robert, seule une nouvelle terre pourra assouvir son ambition. Reste à attendre le moment opportun.

La mort à Londres, le 5 janvier 1066, de son cousin Édouard le Confesseur lui offre l'opportunité espérée. Les hésitations du beau-frère du souverain anglais, Harold Godwinson, comte de Wessex, engagent Guillaume à revendiquer l'héritage laissé par feu le souverain qui souhaitait depuis quinze ans en faire son successeur. Aussi, pour accéder à son nouveau trône, une seule solution : armer une flotte considérable et débarquer de l'autre côté de la Manche. Mais avant cela, un dernier détail a son importance : près de 700 bateaux sont à construire !

Le miracle nécessite des moyens considérables. Parvenant à convaincre suzerains et vassaux, mais aussi amis et anciens adversaires de la probable réussite de son incroyable entreprise tout en s'assurant de la neutralité bienveillante du roi de Norvège qui aurait pu briguer le titre espéré, réunissant surtout des fonds jamais engagés avant lui, il fait réaliser en à peine sept mois les centaines de navires nécessaires au transport des troupes.

Guillaume atteint les côtes anglaises après une rapide traversée. Il est bien décidé à faire valoir ses droits et convaincu que rien ne peut l'arrêter. D'autant qu'il a obtenu, avant de quitter le sol normand, la bénédiction du pape Alexandre II. Le 28 septembre, sans savoir qu'une bataille vient de mettre aux prises des Vikings aux hommes de Harold, le duc installe ses armées. Au préalable, il a fait creuser de larges fossés et demandé que l'on édifie un fort en bois, ce qui lui permettra d'avoir un point de vue nécessaire pour contrecarrer les déplacements adverses.

Les soldats normands sont prêts. Dans la nuit du 13 au 14 octobre, apprenant l'arrivée de leurs adversaires qui comptent près de 8 000 fantassins, ils les laissent prendre pied sur les hauteurs de Senlac, pour mieux les déborder par les ailes.

Trois lignes de front se lancent dans la mêlée. Comme le relate plus tard la *Gesta Guillelmi ducis Normannorum,* « il plaça à la tête des fantassins armés de flèches et d'arbalètes ; des fantassins également au second rang, mais plus sûrs et revêtus de cuirasse ; au dernier rang, les escadrons de cavalerie, au milieu desquels il prit place avec l'élite ; de là il pouvait diriger de toutes parts, de la voix et du geste ». Mille tireurs visent leurs adversaires sans discontinuer, tandis que du côté des mercenaires bretons, placés à la gauche du dispositif, on prépare le terrain pour les 1 500 chevaliers aux armures ornées des blasons normands.

La troupe anglaise, prise en tenaille, n'a d'autre choix que se replier. Dans le choc, les cadavres s'amoncellent. Harold est atteint par une flèche. Réchappant de peu à la blessure, il voit fondre sur lui, acculé avec son état-major, « un commando de quatre chevaliers qui perce la ligne ennemie et parvient au roi ». Selon les chroniqueurs normands de l'époque, « le premier chevalier atteint le roi par un trait passé au travers de son bouclier, le second lui coupe la tête, le troisième l'éventre et le dernier lui fend la cuisse. La nouvelle de la mort du roi Harold déclenche la fuite des restes de l'armée anglo-saxonne ».

Vainqueur et héros de tout un peuple, Guillaume devenu le Conquérant fait son entrée dans sa nouvelle capitale et se voit couronné le 25 décembre 1066 à Westminster. Pour rappeler ce haut fait, l'évêque de Bayeux, Odon de Conteville, décide de réaliser une immense tapisserie de 70 mètres de long sur 50 centimètres de large. La fresque, exécutée jusqu'en 1077 et conservée dans la ville-évêché de Bayeux, attire depuis des milliers de curieux et d'admirateurs.

Guillaume, après avoir régné outre-Manche, perd malgré tout son dernier combat. Devant Mantes-la-Jolie, en juillet 1087, soit quarante ans après sa première bataille, il lui faut affronter le roi de France, Philippe Ier, qui lui conteste son duché. Pourtant vainqueur, il finit blessé et s'effondre sur le parvis de Notre-Dame.

Rentré à Rouen, il agonise pendant plusieurs jours et, le 9 septembre, s'éteint au milieu des siens. Dès sa mort connue, l'hommage rendu se veut à la mesure des exploits accomplis. Pourtant, l'émotion est si forte que les funérailles sont difficiles à organiser. Non seulement le corps du défunt, transporté par voie maritime jusqu'à Caen et conservé dans un tonneau d'alcool, a beaucoup grossi au cours des derniers jours, gonflé par le liquide, et on ne parvient pas à le rentrer dans le cercueil qu'on lui destine. Autre complication : le lieu choisi – l'abbatiale Saint-Étienne de l'Abbaye-aux-hommes – n'appartient pas directement à la couronne. Comme l'a souhaité son fondateur, le propriétaire n'est pas le duc. Un dénommé

Ascelin, auquel le terrain appartient, n'entend donc pas se faire spolier son bien sans compensation. Après bien des négociations, on parvient à s'entendre et la cérémonie peut se tenir, le conquérant trouvant enfin le repos éternel. C'est du moins ce que l'on croit.

*

Son tombeau va connaître bien des vicissitudes. Au sein de l'église, on le transporte plusieurs fois au gré des affectations successives des chapelles. En 1562, pendant les guerres de Religion, le sarcophage est même ouvert et la dépouille partagée par une foule en délire. Les restes du roi se trouvent éparpillés à travers la ville. Néanmoins, un poète normand, Charles Toustain de La Mazurie, arrive tant bien que mal à retrouver l'un des ossements – le fémur gauche –, qu'il conserve pieusement chez lui et remet, plusieurs mois après, à la paroisse. Il est de nos jours conservé dans un coffret en acier.

Dernier soubresaut : en 1742, cette fois sous le règne de Louis XV, on prétend que les moines de l'abbaye, cherchant à se débarrasser de l'encombrante relique, auraient été obligés de lui trouver une affectation en toute hâte. Un nouveau monument, en marbre, est donc créé, déplacé puis restauré en 1801. C'est celui devant lequel les fidèles viennent toujours s'incliner dans l'abbatiale Saint-Étienne.

Lors des cérémonies habituelles dans l'abbaye, le nom d'Hastings revient sur toutes les lèvres. Qui sait cependant que, sans la victoire de Val-ès-Dunes, la conquête de l'Angleterre n'aurait sans doute jamais été possible ? Sans cette bataille, Guillaume aurait sans doute toujours été nommé, pour la postérité, « le Bâtard ».

CHAPITRE 10

Aliénor d'Aquitaine est couronnée reine à Bourges

Les ruelles de Bourges sont blanches. C'est du moins l'effet que laisse une promenade en début de matinée dans la préfecture du Cher. Pendant la période du confinement, une étape dans son centre historique en accentuait l'impression : entre hôtels particuliers, maisons à pan de bois, édifices religieux et hauts murs enserrant les grandes propriétés dans la vieille ville, on s'imaginait revenu une dizaine de siècles en arrière.

Le personnage qui, évidemment, reste associé à la cité du Centre-Val de Loire est Jacques Cœur. Son prestige, ses actions pour le négoce ou les activités bancaires, son rôle auprès de Charles VII en ont fait l'un des phénomènes du XVe siècle. Il n'est qu'à rappeler le succès des films, ouvrages ou documentaires qui lui sont consacrés, à commencer par le roman de Jean-Christophe Rufin, *Le Grand Cœur*. Ce récit donne pour la première fois la parole au grand argentier. Dans un entretien, l'auteur rappelle que son héros est né

> dans une période [...] tourmentée. Ensuite, il connaît la fortune et la gloire, puis la disgrâce, la prison, la torture, l'évasion, la poursuite... Il est l'ami de tous les grands du monde

de l'époque, en particulier du pape, alors qu'il est lui-même d'origine modeste. Si l'on veut, c'est un roman picaresque [mêlant] trois genres : le roman d'aventures, la biographie, [s'appuyant] tout au long du livre sur des faits et des sources sérieuses, et les confessions, puisque c'est Jacques Cœur qui parle. Ces trois éléments - romanesques, biographiques, confessions - traversent ces Mémoires imaginaires.

Au-delà de la statue de Jacques Cœur signée Auguste Préault, à l'ombre de la cathédrale gothique qui émerge des toitures environnantes, une autre époque a marqué la cité du Berry. Et celle-ci conduit à Aliénor d'Aquitaine.

*

Le dimanche 25 juillet 1137, alors âgée de 15 ans à peine, celle-ci épouse à Bordeaux le dauphin Louis, qui n'a qu'un an de plus qu'elle. Le cérémonial est prévu de longue date et l'archevêque Geoffroy de Lauroux préside à l'office religieux.

Un édit a imposé qu'une taxe soit généralisée dans tout le royaume pour financer les préparatifs. On compte, parmi les personnalités présentes, le sénéchal de France Guillaume de Nevers, Raoul de Vermandois et l'ambitieux Thibaut IV de Champagne. Tandis que le futur roi et son épouse ne songent qu'à profiter de leur union, la mort de Louis VI le Gros bouleverse le quotidien du jeune couple princier. Depuis plusieurs mois, le monarque n'était plus visible et n'avait pas participé aux festivités.

Cette subite disparition précipite les événements, imposant de rétablir la confiance auprès des grands du royaume. Cela passe d'abord par un couronnement, qui doit être organisé en toute hâte. D'autant que les villes commencent à se soulever une à une, Orléans étant même allée jusqu'à se proclamer commune libre.

Aliénor a du caractère. Elle compte bien occuper la place qu'on lui a désignée. La fille de Guillaume X, qui est tombé malade vers Compostelle et a été inhumé dans l'église de Saint-Jacques, a hérité du titre aquitain le 9 avril précédent. Désormais installée à la cour de France, elle sait donc qu'en montant sur le trône elle apporte non seulement une terre longtemps convoitée par les ducs d'Anjou et de nombreux autres prétendants, mais que son duché, qui dispose d'une grande autonomie, se trouve *de jure* libéré de la vassalité des autres ducs. Elle peut ainsi nommer les évêques comme bon lui semble et profiter du pouvoir en l'exerçant selon sa propre volonté.

Les premiers entretiens entre les mariés ne laissent rien augurer de bon. On devine que le rapprochement entre Aliénor et Louis VII, désormais légitime, ne sera que de circonstance. Le monarque ne doit en effet qu'à la mort de son frère Philippe le 13 octobre 1131 d'être devenu le dauphin, lui-même se trouvant plutôt enclin à porter calotte et goupillon, qu'armure et épée. D'ailleurs, progressivement, tandis que l'influence d'Aliénor grandit et qu'elle parvient à s'imposer face à un homme qui ne cesse de vivre en véritable moine, on apprend que le roi a choisi de se faire couper les cheveux pour ressembler aux disciples les plus austères de sa congrégation.

Le jour de Noël, 25 décembre 1131, après trois mois passés à Paris, les seigneurs les plus influents de France se réunissent donc à Bourges. L'assemblée se tient en présence 500 chevaliers – à peu de choses près ceux déjà invités à Bordeaux - mais la journée s'annonce solennelle. Le nouveau monarque a beau avoir déjà été sacré du vivant de son père, le 25 octobre 1131 à Reims, des mains du pape Innocent II, il n'était alors âgé que de 11 ans. Et Aliénor doit absolument, maintenant qu'elle a été mariée, prendre en main son destin. Le symbole est évident : cette nouvelle cérémonie lui permettra de devenir non seulement reine à part entière mais aussi mère potentielle, ce que tout le monde espère au plus tôt, comme le suggèrent les fêtes de la Nativité.

Dès la fin de la journée, elle profite de son nouveau statut pour écarter sa belle-mère, Adélaïde de Maurienne, puis le plus influent conseiller du précédent souverain, Suger. D'extraction modeste, l'homme fort du royaume est congédié comme un simple valet. Âgé de 30 ans, il a étudié à l'abbaye de Saint-Denis où il a acquis les meilleures connaissances cléricales et surtout rencontré le jeune prince Louis, fils du roi Philippe. Il s'est vu confier les missions les plus délicates, en particulier des ambassades auprès du pape. Devenu abbé de Saint-Denis, il a dominé la hiérarchie religieuse et entrepris de faire construire l'église abbatiale, devenue nécropole sous les Mérovingiens, qui conserve dès lors l'ensemble des *regalia* figurant lors des sacres royaux à Reims. Tandis que chacun s'imagine son pouvoir illimité, cette disgrâce sonne la fin d'une incroyable ascension.

Aliénor a su frapper un grand coup. Elle s'imagine que les destinées du royaume ne dépendent maintenant que d'elle. En 1145, une fille naît de son union avec Louis, baptisée Marie. Ne parvenant pas à donner un héritier mâle à la couronne, cette difficulté s'ajoute à des rumeurs d'infidélité qui courent sur son compte. La situation s'inverse et Suger retrouve sa place auprès du roi. Séparée de corps et d'esprit du monarque, Aliénor est alors faite prisonnière, pendant une traversée maritime, par les Byzantins, en marge des combats opposant Roger II de Sicile et l'empereur Manuel Comnène. Sauvée des griffes de ses geôliers, elle retrouve la France et se réconcilie un temps avec Louis. Après la naissance d'une seconde fille, Alix, en 1150, une brouille définitive liée au statut accordé à la reine sépare le ménage. Aussi le 21 mars 1152, le mariage est annulé et la reine, répudiée, se voit retenue à Poitiers.

Elle ne perd pas de temps. Ayant échangé une correspondance nourrie avec Henri d'Anjou rencontré quelques semaines auparavant, elle convole en justes noces avec le futur roi d'Angleterre et devient de nouveau reine le 19 décembre 1154. Cinq fils naissent de cette union, dont Richard (dit Cœur de Lion) et le futur Jean sans Terre.

Mais son caractère lui joue des tours : de nouveau, des dissensions apparaissent avec son mari et cette fois le souverain anglais choisit de l'incarcérer pendant quinze ans, à Chinon d'abord, puis au couvent de Salisbury. Elle ne doit d'en sortir que par l'avènement de son fils Richard, en 1189, qui la libère. Ce retour en grâce lui permet même d'exercer en 1190, alors âgée de 78 ans, la régence pendant le voyage du roi au cours de la troisième croisade.

La mort brutale de Richard l'oblige ensuite à faire épouser sa fille Blanche de Castille au dauphin de France, futur Louis VIII, dont le fruit des amours sera saint Louis. Chassée une nouvelle fois de ses terres, elle trouve finalement refuge à l'abbaye de Fontevraud où elle s'éteint le 31 mars 1204, à 82 ans.

Son gisant côtoie les autres effigies des monarques anglais. Le choix ne relève pas du hasard. Depuis la mort du roi Henri II le 6 juillet 1189, à Chinon, c'est là qu'elle a décidé, contre la volonté du défunt qui espérait reposer dans le Limousin à Grandmont, d'inhumer son second mari. Pour elle, l'abbaye « doit désormais devenir aux Plantagenêt ce que la basilique Saint-Denis est aux Capétiens : une nécropole royale qui symbolise la puissance de la dynastie ». Pour ces raisons, elle a installé dix ans plus tard la dépouille de son fils, Richard Cœur de Lion, et commandé la réalisation de statues polychromes en tuffeau pour l'ensemble des occupants. Les rejoindront, en 1249, Isabelle d'Angoulême, épouse de Jean sans Terre.

*

À 200 kilomètres de distance, la ville de Bourges n'a pas conservé d'importants souvenirs de cette période, pas plus que d'Aliénor. Avant que le roi Charles VII ne jette son dévolu sur la cité pour en faire sa « petite capitale » et que Jacques Cœur ne fasse rayonner son nom à travers le monde, elle passe alors pour un modeste carrefour routier et un lieu de rendez-vous de marchands européens. Au XIe siècle, ayant quitté le giron de la vicomté pour entrer dans celui plus influent de la couronne royale, elle change de dimension. Philippe Auguste la ceint d'un rempart qui la protège de ses immédiats voisins, ce qui la gratifie de faubourgs, ne cessant de se développer dans les décennies qui suivent. Enfin, à partir de 1195, le chantier de construction de la cathédrale dynamise les activités commerciales de la région, faisant de Bourges l'un des phares de la chrétienté occidentale.

Une université s'installe au cours de la Renaissance, attirant professeurs et étudiants. Les hôtels particuliers se multiplient, tous plus flamboyants les uns que les autres, le fleuron restant l'hôtel Lallemant. Comme le rappellent les sites touristiques,

> les siècles qui suivent ne vont pas épargner la belle capitale du Berry. Les guerres de Religion, puis la Révolution de 1789 font beaucoup de dégâts dans la ville. C'est donc avec des atouts mitigés que Bourges aborde le XXe siècle. Une industrie militaire s'affirme dans un environnement berrichon resté très agricole, ce qui fera de la cité un point stratégique durant la Première Guerre mondiale.

Au cours du second conflit, située en zone occupée, Bourges devient l'un des principaux lieux de passage pour des milliers de réfugiés, non loin de la ligne de démarcation.

Après la Libération, la vie reprend son cours. En 1977, un rendez-vous musical lui redonne de l'éclat. Le Printemps de Bourges, souhaité comme « un laboratoire unique où se sont opérés en trois décennies la transformation de la chanson française, le morcellement de ses familles, l'avènement planétaire du rock, sa puissance hégémonique comme son influence régénératrice », offre une série de concerts donnés dans une dizaine de salles. Sa programmation rassemble une moyenne de 50 000 participants et spectateurs, faisant affluer dans les ruelles près de 200 000 visiteurs.

Joyau préservé de son patrimoine, sa cathédrale a des atouts à faire valoir. D'autant qu'à la différence de Chartres, Amiens ou Paris – aux parvis plus vastes et aux dentelles de pierre presque similaires –, elle n'a pas eu à subir les outrages de quelque urbaniste du XIXe siècle qui en aurait défiguré les abords. En 1940, après plusieurs tirs dans les faubourgs, le maire Henri Laudier l'a préservée en décrétant Bourges « ville ouverte » pour ne pas multiplier les dégâts. À la fin du mois de 1944, aucun bombardement n'atteignit réellement le cœur de ville, seules les usines et les voies de communication se trouvant visées.

Pour ces raisons, la concentration urbaine du Moyen Âge est demeurée. Bourges est presque un musée en plein air, pour le plus grand bonheur des visiteurs qui se pressent, dès les beaux jours revenus, dans ses artères et ses coquettes ruelles. Un ultime hommage à Aliénor.

CHAPITRE 11

La conquête de Bordeaux par Philippe le Bel

La voie la plus fréquentée de Bordeaux est la rue Sainte-Catherine. Fondée en 1084 par les chevaliers de l'ordre de Malte et reprenant le grand *cardo* romain, elle reste le plus important axe commerçant d'Europe, ce que l'on constate pendant les fêtes, soldes ou périodes de braderie. Devenue piétonne en 1984, classée comme une grande partie de la ville au patrimoine mondial de l'Unesco, elle était autrefois marquée, au carrefour des rues de la Merci et des Trois-Conils, par une église dont seul le clocher est demeuré en place, par sa tour préservée.

Pourtant, tous les premiers dimanches de chaque mois, à Bordeaux, une autre cloche résonne lorsque vient midi. Située au prolongement de la rue Saint-James, à proximité de la rue du Mirail donc à quelques encablures du cours Victor Hugo, celle que l'on appelle la Grosse Cloche rappelle son existence par ce tintement particulier. Depuis plus de six siècles, elle orne l'un des points d'entrée les plus célèbres de la ville. Connue des habitants et des touristes, elle faisait autrefois partie des remparts et servit même de clocher à l'ancien hôtel de ville. Cette spécificité d'une sonnerie provenant d'un édifice civil et non religieux est liée à son retour dans le giron français.

*

Le 19 mai 1294, le roi Philippe le Bel tente de reprendre la main sur son bien. Depuis qu'il a succédé, à l'âge de 17 ans, à son père Philippe III mort pendant la croisade d'Aragon (une guerre de succession lancée à la suite de la déchéance prononcée par le pape Martin IV), le jeune souverain n'a eu de cesse de moderniser son royaume tout en accroissant le prestige de son trône. Plusieurs seigneurs encore réticents sont rentrés dans le rang. Les oppositions, encore importantes au début du XIIIe siècle, se sont éteintes depuis la création d'un conseil composé de représentants du clergé, de la noblesse et – nouveauté – d'une partie de la bourgeoisie. Les avis rendus permettent au monarque d'entreprendre les réformes dont le pays a besoin, à commencer par une plus juste représentation des forces vives au sein des organes du pouvoir.

Les conquêtes territoriales s'ajoutent aux importantes rentrées fiscales, liées à une politique monétaire contrôlée et à une plus large imposition, qui ne ménage aucune catégorie. Même l'église doit contribuer à l'effort demandé, ce qui provoque le courroux du pape Boniface VIII. Après un conflit larvé, le souverain pontife reconnaît sa défaite et édite la bulle *Romana Mater* qui « autorise les prélèvements opérés par la royauté ». Cette victoire du pouvoir temporel forge la réputation du roi de France, qui connaît alors une popularité sans pareille.

Un ultime conflit continue cependant de l'opposer à Édouard Ier d'Angleterre. La lutte entre les deux hommes ne trouve toujours pas d'épilogue et, pour capter cette terre de Guyenne qui reste une épine qu'il ne parvient pas à retirer, Philippe le Bel décide de confisquer le duché d'Aquitaine. Il est vrai que son adversaire n'a cessé, depuis plus de trente ans, de le narguer.

Le traité de Paris signé en 1259, qui a vu saint Louis concéder en fief le territoire à Henri III, n'a jamais été accepté. Cela entérine, ni plus ni moins, que la présence d'un État dans l'État. Pour y mettre fin, un prétexte a été pris lors de l'absence du monarque britannique pendant la traditionnelle réunion de la cour le 27 octobre 1293. Cherchant à régler le différend qui oppose les deux marines depuis la rixe dans les eaux de Bayonne, Philippe a convoqué l'ensemble de ses vassaux. Or, en s'étant fait représenter par son propre frère Edmond de Lancastre, Édouard signifie son mépris à l'égard d'un suzerain qu'il ne reconnaît pas comme tel.

D'autant que le refus de la sœur du roi de France, Marguerite, d'épouser ce narquois rival n'a fait qu'attiser les récriminations respectives. Cette véritable humiliation attise la colère ambiante. Tandis qu'Édouard cherche à gagner du temps et demande à bénéficier d'un sauf-conduit pour se rendre séance tenante à Arras afin de négocier une trêve, Philippe prend de vitesse son adversaire : il impose au parlement de Paris de prononcer la commise de la Guyenne pour quarante jours.

Chef de l'ost mais secondé par son connétable, le roi demande à Raoul II de Clermont, sire de Nesle, de le représenter lors de son arrivée dans la province. Placé à la tête de ses troupes et devenu maître des sept sénéchaussées, ce dernier dirige les opérations militaires. Il fait entrer symboliquement les armées françaises à Bordeaux et, dès le délai passé des quarante jours, lance les hostilités. Philippe s'est entre-temps allié au dauphin Humbert de Viennois, mais également aux comtes de Hollande, de Hainaut, de Bourgogne et du Luxembourg avant d'être soutenu par les effectifs militaires des rois de Norvège, de Majorque, de Castille et d'Aragon. Cette forte armée occupe les terres gasconnes et s'apprête à faire face au comte de Flandre, Gui de Dampierre, ainsi qu'au roi des Romains Adolphe de Nassau, au duc de Brabant, aux comtes de Bar, de Savoie et de Juliers, qui de leur côté ont rejoint les rangs anglais.

Sûr de sa force, Édouard sait que le risque principal, s'il s'avance trop, peut venir d'Écosse dont le roi, John Balliol, a apporté son concours aux Français. Un affrontement avec un voisin pourrait faire voler en éclats la paix britannique établie, d'autant que le Pays de Galles s'est soulevé et que la stabilité affichée depuis plusieurs mois n'est que de façade.

Les belligérants n'ont pas le temps de s'appesantir sur leur sort, les événements s'enchaînant avec une rapidité étonnante. Dans un premier temps, pour le compte du roi d'Angleterre, le duc de Bretagne Jean III prend le 9 janvier 1295 Bayonne puis Saint-Sever, après avoir déjà fait tomber Castillon, Bourg et Blaye en octobre et novembre précédents. Dépêché sur place, le frère du roi de France, Charles de Valois, soutenu par le connétable, progresse dans les terres et laisse le soin au comte de Foix, Roger-Bernard III, de devenir maître de la majorité du territoire gascon. Le comte est fermement aidé par l'appui des seigneurs locaux qui ne cherchent qu'à chasser les

Anglais de leurs terres. Édouard a compris la manœuvre et écrit en novembre 1295 : « Le roi de France qui nous a frauduleusement enlevé notre terre de Gascogne, veut entreprendre maintenant la conquête de notre royaume, abolir la langue anglaise. »

Le 1er janvier 1296, une trêve est demandée mais, aussi vite qu'ils avaient cessé, les combats reprennent. Le 5 juin, lors d'une échauffourée, Edmond de Lancastre perd la vie. Rassérénés, les Français, restés maîtres de Dax en dépit d'un long siège, parviennent à imposer leur domination par l'action militaire de leur allié Robert II d'Artois le 2 février 1297. Bordeaux, après avoir été un temps reprise par les Anglais, tombe à son tour, symbole de la puissance rétablie de Philippe. Pour marquer sa victoire, ce dernier signe la fin des hostilités le 9 octobre et entrevoit même une traversée de la Manche. Il arrête au dernier moment la manœuvre, ne cherchant finalement qu'à rester maître de son royaume.

En 1303, le traité de Paris met un terme au conflit. Les frontières sont rétablies et le calme revient. Quatre ans plus tard, le 13 octobre 1307, l'arrestation des Templiers assoit davantage l'autorité royale, le concile de Vienne venant confirmer, par la voix du pape Clément V, la dissolution de l'ordre. Au moment où Philippe IV meurt, le 29 novembre 1314 à Fontainebleau, à l'âge de 46 ans, la couronne a retrouvé son lustre d'antan.

Sous son règne, la population s'est considérablement accrue, Bordeaux atteignant même les 30 000 habitants. Mais la guerre de Cent Ans est en germe. Le feu couve. Ne reste qu'à allumer l'étincelle.

*

De ces épisodes, la ville n'a pas gardé forte trace. La visite, de nos jours, fait davantage référence au XVIIIe siècle et à Louis XV, lorsque les échanges commerciaux avaient permis aux armateurs et négociants de dominer - avec Nantes - le marché atlantique. Les souvenirs de la première cité, au IIIe siècle avant notre ère, se retrouvent moins dans les ruelles que dans les salles « préhistoire et protohistoire » du musée d'Aquitaine, où figurent en bonne place les découvertes des fouilles de l'époque gallo-romaine.

Christianisée au IVe siècle par l'action conjointe de saint Hilaire et saint Martin, Bordeaux ne connaît un changement économique important, lié au commerce des Amériques, qu'à la fin du XVe siècle puis à la Renaissance. Devenue au temps du Roi-Soleil l'un des principaux ports de France, la ville de Montaigne devient l'un des pôles économiques du royaume. Rayonnant au cœur de son urbanisme, son Grand Théâtre et sa place des Quinconces témoignent de son rang, la Révolution marquant un coup d'arrêt dans son irrésistible croissance. Attachée aux Bourbons, refusant de servir docilement la République puis l'Empire, elle accueille le retour des princes exilés, puis acclame le duc d'Angoulême et Wellington le 12 mars 1814. Après avoir vu naître les peintres Rosa Bonheur et Odilon Redon, et avant les écrivains François Mauriac et Jean Anouilh, elle accueille le 9 octobre 1852, en pleine période électorale, le prince-président Louis-Napoléon. C'est là que le futur Napoléon III prononce son fameux discours dans lequel il affirme :

> Je le dis avec une franchise [...], pour faire le bien du pays, il n'est pas besoin d'appliquer de nouveaux systèmes ; mais de donner, avant tout, confiance dans le présent, sécurité dans l'avenir. [...] Par esprit de défiance, certaines personnes se disent : « L'Empire, c'est la guerre. » Moi je dis : « L'Empire, c'est la paix. » C'est la paix, car la France le désire, et lorsque la France est satisfaite, le monde est tranquille. La gloire se lègue bien à titre d'héritage, mais non la guerre. Est-ce que les princes qui s'honoraient justement d'être les petits-fils de Louis XIV ont recommencé ses luttes ?

Reprenant les accents des chefs d'État réformateurs, comme Philippe le Bel avant lui, le neveu de Napoléon affirme notamment :

> Nous avons d'immenses territoires incultes à défricher, des routes à ouvrir, des ports à creuser, des rivières à rendre navigables, des canaux à terminer, notre réseau de chemins de fer à compléter. Nous avons, en face de Marseille, un vaste royaume à assimiler à la France. Nous avons tous nos grands ports de l'Ouest à rapprocher du continent américain par la rapidité de ces communications qui nous manquent encore. Nous avons partout enfin des ruines à relever, de faux dieux à abattre, des vérités à faire triompher.

Le rétablissement de l'Empire coïncide avec une nouvelle période faste pour la région. Le classement de ses vins, avec leurs grands crus, est établi à l'occasion de l'Exposition universelle de 1855. Bordeaux est choisie pour être le siège de l'Assemblée nationale en 1871, puis de la présidence du Conseil en 1914. Le vendredi 14 juin 1940, face à l'avancée des troupes allemandes, le gouvernement s'y replie avec, dans ses bagages, quelque 700 000 personnes fuyant l'ennemi. En pleine débâcle, le surlendemain, Paul Reynaud démissionne pour laisser son siège au maréchal Pétain.

La libération du 28 août 1944 met fin à une période de privation et de drames. Dirigée de 1947 à 1995 par une municipalité gaulliste avec, à sa tête, Jacques Chaban-Delmas, une profonde transformation de ses faubourgs et de son centre-ville redonne un éclat important à ses rues et bâtiments. La place de la Bourse, avec le miroir d'eau, le palais Rohan ou la récente Cité du vin inaugurée en 2016, constituent aujourd'hui les lieux les plus courus des touristes.

Se promener dans Bordeaux permet donc de redécouvrir la Grosse Cloche, si imposante, qui répond depuis le XVIIIe siècle au nom d'« Armande Louise ». Avec ses 7,75 tonnes, elle a remplacé une ancienne cloche brisée lors d'un incendie et s'est imposée au sein du paysage architectural bordelais.

En partant de la porte de Bourgogne et en empruntant le cours Victor Hugo, on l'aperçoit qui se distingue des autres entrées monumentales au style gothique flamboyant comme la porte Cailhau, ou néoclassique telle la porte d'Aquitaine. Surmontée d'une girouette en forme de léopard, c'est surtout la seule qui fasse expressément référence à la présence anglaise dans la ville.

Lors des Journées du patrimoine, quand une visite l'autorise et que l'on peut mieux en voir les abords, on aperçoit à l'arrière de son épaisse porte une ancienne geôle ayant conservé ses barreaux et les graffitis de ses anciens occupants. Ne s'agirait-il pas des derniers témoignages des défenseurs anglais ayant combattu les armées de Philippe le Bel ?

CHAPITRE 12

Philippe le Hardi prend possession de Dijon

Le vignoble bourguignon est vaste et sa réputation plus à faire. En 1875, malgré les attaques du phylloxéra, les transformations opérées par l'association de ceps américains aux plants français lui ont permis de se maintenir et, depuis le début des années 1950, de retrouver les volumes de production qui étaient les siens avant l'arrivée de la terrible épidémie. Au centre des tables trônent constamment Pommard, Aloxe-Corton, Gevrey-Chambertin, Vosne-Romanée et autres Vougeot.

Dijon a largement bénéficié du prestige de ces appellations. Celles-ci, associées aux escargots et à la moutarde, forment le traditionnel trio de ses références gastronomiques. Pourtant, dans les ruelles de la capitale bourguignonne, après avoir été attiré par les tuiles vernissées aux reflets polychromes que l'on admire aussi à Beaune ou Meursault, le regard du promeneur se porte non loin du palais des ducs, aux abords de l'église Notre-Dame. De petits groupes se forment fréquemment devant l'édifice médiéval, pour contempler l'un des contreforts extérieurs flanqués d'un petit volatile, à l'apparence anodine, presque banale. Petits et grands caressent les ailes de l'oiseau. La tradition rapporte que celui-ci possèderait des « vertus » surnaturelles : en frottant le plumage de la main gauche tout en gardant la droite sur le cœur, les amateurs éloigneraient le malheur. Et comme la renommée du volatile a dépassé les frontières de la région, il devient de plus en plus difficile de l'approcher.

La voie qui conduit à la « mascotte » a été baptisée « rue de la Chouette ». L'église Notre-Dame qui lui sert de refuge ayant été achevée au XIIIe siècle, il a fallu attendre près de 200 ans pour voir apparaître l'iconique rapace sur le bâtiment.

*

Au temps de Jean II le Bon, la chouette n'a pas encore fait son apparition. Le roi de France, à cette époque, a bien d'autres occupations. Le 6 novembre 1364, son fils Philippe II s'apprête à faire son entrée dans sa capitale. Depuis un an, par l'acte signé le 6 septembre 1363, le jeune prince a été investi par son père du titre de duc de Bourgogne auquel s'ajoute celui de pair de France. La mort du dernier titulaire, installé à Dijon, a permis de récupérer l'apanage que visent les Valois, héritiers de ces terres par Jeanne, épouse du roi.

Philippe II, par rapport à ses autres frères, mérite cet insigne honneur. Il a été l'un des plus valeureux au combat huit ans plus tôt, ayant remplacé à la tête des armées, alors qu'il n'avait que 16 ans, le comte de Tancarville. C'est lui, surtout, qui a fait résonner dans Poitiers son fameux : « Père, gardez-vous à droite ; père, gardez-vous à gauche. » Capturé, emprisonné en Angleterre puis libéré, il a fait montre d'un sang-froid que cette nouvelle distinction n'a fait que souligner.

Sa haute bravoure et surtout sa fidélité à toute épreuve constituent assurément les gages de sa réussite. Ce qui explique que, n'étant que le quatrième dans l'ordre de succession, il ait pu bénéficier d'une dérogation pour être d'abord fait duc de Touraine.

Le sacre de son frère Charles V le confirme. Dans ses lettres patentes, les lignes les plus élogieuses sont dédiées à Philippe, justifiant un nouveau titre :

> Charles, par la grâce de Dieu, roi des Français [...] désirant avec affection faire cesser les fléaux et l'oppression que l'invasion des ennemis a fait souffrir à nos sujets du duché de Bourgogne, [...] et rappelant encore à notre mémoire les services excellents et dignes de louange de notre très-cher Philippe, [...] nous avons, par la teneur de ces présentes, avec connaissance de cause, autorité royale et grâce spéciale, concédé [...] le susdit duché et pairie de Bourgogne, avec tout ce que nous y pouvons avoir de droit, possession et propriété, ainsi qu'en la comté de Bourgogne ou en toute autre part de ladite succession.

Le 26 novembre 1364, Dijon accueille son duc par un « joyeux avènement ». Placé à la tête de ses hommes, le chef parade. Suivent en cortège son frère, le duc d'Anjou, l'évêque d'Autun, les prélats et l'ensemble de la noblesse bourguignonne. Les rues pavoisées font honneur au fils du roi de France, qui a repris depuis quelques semaines les places rebelles avec ses compagnies, puis prêté main-forte au dauphin contre le roi de Navarre. Les attaques du comte de Montbéliard ont eu beau menacer la ville, le duc est parvenu à rester maître de sa capitale après une intense lutte.

La première étape de cette journée festive le conduit à Saint-Bénigne, où est lue par le chancelier Philibert Paillart la donation officielle du duché. Le maire et les échevins se présentent ensuite et s'inclinent. Après un long rappel historique, l'assemblée entend le héraut, au nom de Philippe, prononcer son remerciement et les assurer de son soutien, plein et entier :

> Messieurs, monseigneur le Duc, que vous voyez ici présent en cette église, a fait examiner par son conseil les chartres qui contiennent vos franchises et vos libertés. Voulant suivre l'exemple des ducs ses prédécesseurs, il va jurer ici devant Dieu, et sur les saints évangiles, qu'il tiendra et gardera fidèlement, et fera tenir et garder par ses officiers, les libertés, privilèges, immunités, franchises, que les ducs de Bourgogne ont accordés par leurs chartes aux maire, échevins et commune de Dijon.

En signe d'alliance, un anneau est passé au doigt du duc. Une riche cour entoure alors le souverain, avec une Maison dirigée par un maréchal du palais, des conseillers et secrétaires personnels. Moult spécialités forment ses services, dont les chambellans, valets et maîtres d'hôtel comptent parmi les plus nombreux. S'ajoutent parmi les spécialités « la paneterie, l'échansonnerie, [...] la fruiterie, la fourrière, la vénerie et la fauconnerie ».

Par ce passage de témoin, Philippe devient l'un des plus riches princes d'Europe. Il faut ensuite attendre son union le 19 juin 1369, à Gand, avec Marguerite de Flandre pour assister à son irrésistible ascension.

Une vingtaine d'années plus tard, Charles V confirme Philippe dans l'intégralité de ses titres. Tour à tour comte de Flandre, d'Artois et de Rethel, ainsi que duc de Bourgogne et de Touraine, c'est à lui que l'on doit dans la région la remise en état des enceintes, dont la tour de Bar, ainsi que la réalisation de la chartreuse de Champmol. Souhaitée pour nécropole des ducs, celle-ci se présente comme un centre de création pour des artistes venus de l'Europe entière - Français et Flamands constituent le gros des effectifs. Le sculpteur Claus Sluter, originaire de Haarlem, offre deux œuvres majeures : le portail de l'église, orné des effigies de Philippe et Marguerite, et le célèbre puits dit de Moïse. À la grande statue du prophète et à celle du roi David s'ajoutent les figures d'Isaïe, Daniel, Zacharie et Jérémie, rare fragment sauvé du grand cloître qui offre un saisissant témoignage de l'art réaliste du XIVe siècle.

Mais à Dijon, le symbole de la ville reste la chouette. Sa toute première apparition a été provoquée par un événement anodin. Un architecte avait été chargé de flanquer l'église Notre-Dame de gargouilles, dont l'édifice originel se trouvait dépourvu. Un jour de 1415, à proximité du chantier, une petite chouette aurait alors été retrouvée, blessée. N'était-ce pas plutôt un hibou, avec ses oreilles apparentes ? Sans se soucier de cette particularité, l'ingénieur aurait recueilli chez lui l'oiseau, lequel, soigné et remis sur pied, aurait par reconnaissance accompagné son nouveau maître dans les travaux engagés et surveillé les ouvriers affairés à la bonne réalisation des ornements imaginés par son sauveur. On comprend, dès lors, qu'à la mort de l'animal, inconsolable, l'architecte ait décidé de le sculpter. Il aurait choisi évidemment le pilier nord, à l'abri de la lumière, car la nuit devait rester son royaume.

*

Depuis six siècles, l'oiseau veille sur la destinée de la ville. En 1677, il en est même devenu l'emblème.

Comme souvent, la postérité est donc injuste. Cette popularité du volatile, Philippe II n'y a pas droit. Lorsque les guides indiquent un panorama d'exception sur la cité bourguignonne, c'est davantage le nom de son petit-fils que l'on prononce : Philippe le Bon. Cette tour, située au cœur du palais des ducs de Bourgogne, un peu à la manière de celle dite de Saint-Jacques à Paris, est haute de 46 mètres et domine, depuis les années 1450-1460, places et rues dijonnaises. De forme trapézoïdale, avec des voûtes en ogive, elle comporte 316 marches qu'il faut gravir avec, tout au long du bel escalier sculpté, des espaces intermédiaires répartis en trois paliers, sur sept étages. À l'origine, elle était appelée tour de la terrasse et son architecte, Jean Poncelet, souhaitait offrir aux princes un couronnement urbanistique à la ville. En d'autres termes : marquer les esprits pour asseoir une légitimité.

Deux œuvres majeures perpétuent malgré tout la mémoire de Philippe le Hardi. Il faut, pour les découvrir, franchir la porte du musée des beaux-arts de Dijon.

D'abord se remarque un portrait, huile sur bois de 28 centimètres sur 42, copie d'une toile longtemps attribuée à un certain Jean de Maisoncelles. Le prince Valois est peint de profil, avec un « nez puissant et busqué, l'arcade sourcilière en accent circonflexe, la commissure relevée et le menton lourd ». L'âge est marqué, l'austérité assumée. Rappel de sa puissance, il est représenté, sur fond neutre, coiffé d'un large chapeau noir à fond plat orné d'un camée à huit perles, sa richesse se déclinant aussi en un large bracelet agrémenté de pierreries et un col en fourrure. Un beau pendentif fait référence à l'ordre militaire de la Cosse de genêt, fondé par Charles VI vers 1396.

Pour retrouver ensuite l'effigie de Philippe le Hardi, il faut faire quelques pas et se rendre dans l'imposante salle des Gardes – à proximité du gisant de son fils et successeur Jean sans Peur. Sous un plafond lambrissé, le monument funéraire conjointement signé Sluter et Werve sur un modèle de Jean de Marville, fixe, depuis 1410, les traits du souverain dans sa robe de chartreux. La silhouette polychrome, aux mains jointes, est veillée par deux anges qui portent un casque tandis qu'un lion veille à ses pieds.

De façon émouvante, entre les travées et les logettes surmontées d'ogives aux arcatures voûtées, quarante pleurants ont pris place. Ces moines d'albâtre de Vizille, qui supportent une dalle en marbre noir poli de Dinant, rappellent l'immense douleur ressentie par tous les Bourguignons à la mort de leur maître. Sous des chaperons abattus qui laissent à peine découvrir leurs visages, les serviteurs religieux méditent et prient. On distingue, en tête, l'aspergeant, porteur du seau d'eau bénite et du goupillon, à l'origine suivi de deux petits enfants de chœur. Après ce premier groupe, les sculpteurs ont installé le porte-croix, le diacre, l'évêque, trois chantres, puis deux chartreux (reconnaissables à leur scapulaire), avant les membres de la famille ducale « revêtus d'un ample manteau de deuil ou d'une robe fourrée à larges manches, coiffés du chaperon à cornette qui leur couvre les épaules ». Ferment la marche officiers du duc et gens de la maison du duc, tels qu'ils se présentaient lors des obsèques de Philippe II.

Ce chef-d'œuvre de l'art funéraire, cénotaphe destiné à accueillir le corps du défunt, a longtemps servi de référence architectonique autant qu'iconographique aux artistes européens du temps.

À la Révolution, l'ensemble a été transféré dans la cathédrale Sainte-Bénigne avant d'être démonté puis finalement restauré à la fin du règne de Charles X.

Tous ses décors ont aujourd'hui retrouvé leur splendeur, à l'exception de sept statuettes : quatre appartiennent au musée américain de Cleveland, une cinquième ayant été acquise par un collectionneur privé. Deux autres semblent avoir été détruites. Ce tombeau imaginé pour la chartreuse de Champmol reste un modèle abouti, préservé des ravages du temps. Scruté par des milliers d'admirateurs venus du monde entier, ce miracle de pierre continue d'aimanter les visiteurs au cœur de l'ancien palais ducal. Ce n'est que justice.

Philippe le Hardi mérite cette reconnaissance car, sans lui, l'ancienne Burgondie ne serait jamais devenue l'un des plus puissants fiefs de l'Europe de la fin du XIVe siècle, ouvrant une nouvelle ère diplomatique avec ses ambitieuses voisines. Par son règne, la Bourgogne, longtemps tiraillée entre empereurs germaniques et rois de France qui s'en disputaient les richesses, a définitivement étançonné son rang entre Champagne, Franche-Comté, Lorraine et Alsace.

CHAPITRE 13

Jeanne d'Arc délivre Orléans

On ne compte plus les rues et avenues qui portent son nom. Son souvenir a essaimé à travers tout le territoire, faisant la fierté des pouvoirs publics qui ont, tant bien que mal, tenté de s'accaparer son épopée. Depuis sa canonisation, elle accueille fidèles et pèlerins dans de nombreuses églises, où son effigie la présente parfois sous les traits d'une modeste paysanne, parfois d'une guerrière en armure.

En France, Jeanne d'Arc est partout chez elle. Pour s'en convaincre, il n'est que de songer à Paris, où trois places accueillent sa silhouette. À l'époque de leur installation, les circonstances politiques étaient différentes mais, sa présence, toujours assumée.

La Troisième République avait besoin d'une héroïne populaire, d'extraction modeste. En 1874, alors en pleine construction de son système de fortification aux frontières de l'Est, une statue équestre dorée, réalisée par le sculpteur Emmanuel Frémiet, s'établit fièrement au centre de la place des Pyramides. Treize ans plus tard, pour préparer la réélection de Jules Grévy et tenter de ralentir l'ascension du général Boulanger qui cherche à déstabiliser le pouvoir installé, on inaugure sur le boulevard Saint-Marcel à Paris une œuvre de bronze, signée cette fois Émile-François Chatrousse, où la fière combattante se présente debout, étendard à la main. Et en 1895, quelques mois après la dégradation du capitaine Dreyfus, l'artiste Paul Dubois représente la petite Vosgienne à cheval, place Saint-Augustin, juste au carrefour des boulevards Malesherbes et Haussmann, donc à quelques mètres de la façade de l'église néobyzantine de Victor Baltard. La proximité de la caserne de la Pépinière, où s'installera ensuite le Cercle national des armées, explique le choix du lieu.

Trois répliques sont ensuite réalisées à Reims, Strasbourg et même Washington. Or, si tant de villes cherchent à rappeler le souvenir de la Pucelle, il en est une qui bénéficie davantage de son prestige : Orléans. Sans l'action de la jeune guerrière, la préfecture du Loiret n'aurait sans doute pas connu pareille réputation.

*

L'épopée locale se joue le 8 mai 1429, lorsque la jeune femme originaire de Domrémy boute les Anglais hors de la ville. Le long siège de six mois, débuté le 12 octobre précédent, a été brisé le 29 avril avec l'arrivée des troupes du dauphin de France. Seule, la guerrière est parvenue à délivrer quelque 20 000 habitants gardés prisonniers dans l'enceinte de la cité.

Depuis le traité de Troyes de 1420 qui a instauré une succession entre Anglais et Français, le duc de Bedford a tenté d'imposer le roi Henri VI sur le trône continental. Homme de confiance de ce dernier, Thomas Montaigu, comte de Salisbury, dirige alors les armées anglaises, fortes de 6 000 combattants débarqués à Calais, et auxquelles s'ajoutent 4 000 mercenaires venus de Normandie.

Chartres est d'abord tombée à la fin du mois d'août. Le contrôle de la symbolique Orléans, encore aux mains des derniers fidèles des Valois, ne saurait tarder. Après douze jours de combats, le 24 octobre, les assaillants font leur entrée. Mais Salisbury y perd la vie, atteint d'un boulet de canon près de la tour Notre-Dame. William de la Pole, comte de Suffolk, lui succède et, fort du soutien de 1 500 Bourguignons, malgré de coûteux efforts, parvient à chasser les 2 000 derniers soldats dépêchés sur place par le comte de Clermont.

La dynastie française n'a plus d'illusion. Le dauphin Charles, réfugié à Chinon, ne dispose pas de la puissance de son adversaire et cette disparité ne cesse de croître au fil des échecs militaires répétés de ses lieutenants. La prise d'Orléans sonne donc comme un aveu de faiblesse évident. Il faut l'arrivée impromptue de la petite Lorraine, qui se dit envoyée par Dieu dans le but de faire sacrer le fils de Charles VI à Reims, pour que le moral revienne. Dès qu'elle se présente, chacun comprend qu'elle bénéficie de la force divine. Elle prétend avoir été dirigée par l'archange saint Michel qui lui aurait dit :

> Au nom de Dieu, je viens te commander d'aller en France faire lever le siège d'Orléans. Va trouver Baudricourt, capitaine de Vaucouleurs ; il te donnera des gens pour t'accompagner.

Les combats devant Orléans reprennent. Lors des premiers jours, les troupes françaises réussissent à libérer un à un les faubourgs, annihilant les zones de défense. Les bastilles érigées par l'ennemi pour compenser l'ancien dispositif commencent à se lézarder. Début février, constatant l'échec, les troupes bourguignonnes délaissent leurs postes. Les approvisionnements vont vite faire défaut.

Le 12, une bataille met aux prises les adversaires lors de l'arrivée du convoi des harengs. L'enjeu de l'attaque est clair : les soldats orléanais doivent intercepter le convoi de 300 chariots remplis de poissons destinés à ravitailler les assiégeants. Sous le commandement de Jean Dunois, comte de Longueville, les Français sont supérieurs en nombre et, conduits par le fils illégitime de feu le duc Louis d'Orléans, devraient aisément s'emparer de la cargaison. Mais après plusieurs heures d'un combat inégal, les troupes sont défaites par l'escorte anglaise dirigée par sir Falstoff et n'ont d'autre choix que de piteusement se replier à plusieurs kilomètres, abandonnant de nombreuses victimes sur le terrain. Quant au chargement, il ne profite à personne : éventrés par les boulets, les chariots ont déversé sur le sol leur cargaison de harengs. Cette défaite française semble sonner le glas des derniers espoirs valois.

Jeanne va immédiatement rétablir la situation. Partie de Blois, elle joint le 29 avril ses forces à celles de Dunois. Immédiatement, la tactique qu'elle adopte – résolue – est totalement inédite pour l'époque. Concentrant ses efforts sur un seul point, évitant de disperser ses effectifs, elle fait des miracles, lesquels s'enchaînent et ne cessent de surprendre les Anglais. Selon le duc d'Alençon, en toute chose, hors le fait de guerre, Jeanne était une simple jeune fille. Mais, sur le fait de guerre, elle montrait une grande expérience : habile à manier la lance, à placer ses troupes, régler l'attaque et disposer l'artillerie. Elle excitait l'admiration, était prudente et savait tout prévoir, comme un vieux capitaine qui aurait eu vingt ou trente ans de guerre.

Les principales difficultés résident non seulement dans l'imposant dispositif mis en place par les Anglais, avec le spectaculaire matériel dont ils disposent, mais aussi dans la longue muraille aux cinq portes flanquées de deux tours chacune dont bénéficie Orléans depuis plus de trois siècles.

Comme le rapporte le *Petit traité par manière de chroniques, contenant en bref le siège mis par les Anglois devant la cité d'Orléans*, tout se passe parfaitement. Attaquant aux côtés de Dunois avec son étendard, Jeanne fait d'abord reprendre la bastille Saint-Loup, qui tombe la première le 4 mai, puis celles de Saint-Jean-le-Blanc et Saint-Augustin le 6. Bien que blessée par une flèche, la jeune femme galvanise les hommes. La victoire se dessine le 7 lorsque le fort des Tourelles se rend aux Français. Le surlendemain, la Pucelle fait alors son entrée par la porte Bourgogne, ouvrant solennellement la voie à ses troupes dans la ville. Pendant ce temps, les Anglais, ayant constaté leur échec, ont décidé de se replier vers Meung-sur-Loire, ville dont ils ont le contrôle depuis le 8 septembre précédent.

Jeanne ne se contente pas de cette victoire. Après avoir rejoint le dauphin à Tours, elle décide de le mener, le 17 juillet, à Reims pour procéder à son couronnement. Charles VII, désormais consacré, ne peut plus reculer. Un mois plus tard, Compiègne est assiégée. À partir du 18 août, les Français qui se sont installés provoquent de nouveaux soulèvements. Le duc de Bourgogne, Philippe le Bon, après s'être de nouveau armé pour prêter main-forte aux Anglais, décide dès le printemps 1430 de se rendre devant la ville de l'Oise. Le 13 mai, sur les conseils du capitaine Guillaume de Flavy, Jeanne revêt son armure, tente une énième manœuvre et se lance pour prendre à revers les forces ennemies. Elle a surestimé ses forces. Encerclée par les soldats venus des villages voisins de Coudun et Venette, elle est capturée dans les fossés du boulevard de Margny-les-Compiègne.

Pour la jeune combattante, c'en est fini. Un long et terrible procès s'ouvre à Rouen le 9 janvier 1431, devant un jury de religieux et de théologiens présidé par Pierre Cauchon. Tous sont déjà convaincus de sa culpabilité.

Parmi les instructeurs, mués en inquisiteurs, se signalent le procureur général Jean d'Estinet, les greffiers Manchon et Bois-Guillaume ainsi que le vicaire Jean Lemaître. Face à un tel aréopage, que peut elle et comment se défendre ? Le réquisitoire est sans appel. Le 27 mars, Me Thomas de Courcelles demande que « ladite Jeanne soit déclarée et prononcée sorcière et sortilège, devineresse, hérétique, schismatique, [qu'elle] soit punie et corrigée ». On avance, pour justifier l'accusation, que les innocentes et modestes fêtes auxquelles elle a participé dans sa prime jeunesse, à Domrémy, soient considérées comme des incantations maléfiques. Enfin, l'habitude de Jeanne de porter un « habit d'homme [...] abandonnant sans vergogne toute décence » finit de la condamner à mort, le 28 mai. Deux jours plus tard, la jeune guerrière de 19 ans périt, emportée par les flammes et la bêtise commune. Avant de monter sur le bûcher, elle a juste le temps de confier au frère Ladvenu, qui a été désigné pour l'accompagner, sa vérité. Il dira, bien après le drame : « Jusqu'à sa dernière heure, comme toujours, Jeanne affirma et maintint que ses voix étaient de Dieu. »

*

En 1453, Charles VII remporte une décisive victoire. À la fin de son règne, il demande un procès en réhabilitation pour celle qui lui a permis de conquérir son trône. Mais pour la canonisation de la martyre, il faut attendre 500 ans, le 16 mai 1920, le pape Benoît XV exigeant la reconnaissance en sainteté de Jeanne d'Arc.

Entre-temps, à Orléans, les hommages ont débuté. Depuis le Second Empire, dans le sillage des accords passés avec la Grande-Bretagne de Victoria, la libération par les troupes est commémorée par la population avec enthousiasme. Tous les ans depuis cette époque, le 8 mai, la statue de Denis Foyater installée place du Martroi réunit habitants et passionnés. On célèbre Jeanne par de grandes fêtes populaires qui rassemblent un public venu de tous les coins de France se recueillir sur les lieux des combats.

C'est justement un 8 mai que l'inauguration de l'effigie de la Pucelle s'est déroulée, en 1855, pour remplacer une sculpture qui datait du Premier Empire. À partir de cet instant, les fêtes johanniques n'ont cessé de reconstituer l'entrée des vainqueurs dans la ville. Et pour que le spectacle commémoratif soit complet, une jeune habitante incarne alors l'héroïne, portant armure et coiffée à la mode du XVe siècle.

C'est évidemment au destin brisé de la paysanne venue de loin que fait référence le spectacle proposé. La manifestation, reconnue au patrimoine culturel immatériel de France, propose un programme d'une semaine qui fait la part belle aux actions d'éclat. La cérémonie de remise de l'épée se tient devant la cathédrale, avant que le cortège ne rejoigne la Porte Bourgogne en fin de soirée, le tout agrémenté d'animations médiévales place de la République. Puis la grande chevauchée, entre la place du Martroi et Saint-Jean-de-Braye, permet de traverser la Loire au port Saint-Loup avant de rejoindre l'île Charlemagne, puis Saint-Denis-en-Val.

Le jour-anniversaire, un hommage officiel est rendu place Sainte-Croix, avec un défilé militaire accompagné par des chars et, dans le ciel, par la patrouille de France. Plusieurs présidents de la République, voire des candidats à ce poste tel Emmanuel Macron en 2017, se rendent sur place.

Le choix en 2022 de faire interpréter, entre deux lieutenants joués par ses camarades Thibaut Gaborit et Paul-Augustin Chompret, le personnage féminin par la jeune Clotilde Forgeot d'Arc, élève au lycée Sainte-Croix Saint-Euverte et surtout lointaine descendante du frère de la Pucelle, n'est pas anodin.

La lycéenne a confié à la presse que « Jeanne d'Arc n'est pas une sainte comme les autres. Je la prie souvent et c'est une belle figure historique. J'ai grandi avec elle. Je suis heureuse de porter son nom. » Elle a même avoué, en un clin d'œil final : « Quand on me l'a annoncé, je suis d'abord restée sans voix. »

CHAPITRE 14

La mort de Charles le Téméraire à Nancy

Est-il possible de visiter Nancy sans se rendre place Stanislas ? La Lorraine, réunie à la France depuis 1766, est l'un des plus récents acquis territoriaux du pays et ce joyau architectural, entre Opéra et Hôtel de Ville, rappelle justement les liens étroits entretenus par l'ancien duché à travers la politique des places royales engagées par Louis XV. Le programme de l'architecte Emmanuel Héré a été délicatement souligné par les grilles en fer forgé rehaussé d'or, le tout couronné par le terre-plein central orné de la statue du dernier duc lorrain, Stanislas Leszczynski. À la mort de l'ancien roi de Pologne, par le subtil jeu des alliances, la terre de Jeanne d'Arc a donc été rattachée à la couronne et, d'une certaine manière, la place avait préparé les consciences à cette intégration consciencieusement planifiée.

Aujourd'hui, la Lorraine est associée à plusieurs événements historiques. Dans l'esprit des Français, lorsque son nom est prononcé, c'est à l'Alsace que l'on songe et à leur annexion commune lors de la période 1870-1918. Mais on oublie que ce détachement n'a concerné que Metz avec la Moselle actuelle, l'ancienne Meurthe restant du côté français pendant toutes ces années.

Nancy a maintenu, par les innovations culturelles qu'elle a su insuffler, une attache avec la France. Pourtant, si l'histoire et l'important héritage laissés par Stanislas font souvent la fierté des habitants eux-mêmes, un autre duc, venu quant à lui de Bourgogne, a marqué le passé de la ville.

*

En 1475, soit trois siècles avant le rattachement au royaume, pour répondre à la provocation du roi Louis XI qui cherche à s'emparer de ses terres et afin de contenir les troupes lancées contre lui par l'empereur Frédéric III, Charles le Téméraire décide de lancer ses forces armées dans la mêlée.

Fils de Philippe le Bon, il a succédé à son père depuis huit ans. Impulsif et courageux, il cherche par tous les moyens à étendre son influence, lorgnant notamment sur les riches terres appartenant à ses proches voisins. Non seulement son héritage lui a légué les titres de comte de Flandre, d'Artois et de Franche-Comté, mais il tire aussi sa puissance du Luxembourg, des Pays-Bas et de la Picardie. Comme cela s'est déjà produit lors de la guerre de Cent Ans, sa position de vassal en fait un rival de son suzerain. L'objectif est donc clair : pour ne pas subir la position du roi Louis XI, il faut que tous ses États soient réunis, sans devoir passer par les provinces françaises. La cession de l'Alsace en 1469 par l'empereur germanique en échange de terres plus éloignées, suivie trois ans plus tard de l'invasion de la Somme, ouvre les premières perspectives.

Craignant d'être isolé, le jeune duc de Lorraine René II parachève un accord avec Charles le Téméraire à Trèves. Pour marquer sa bonne volonté, une autorisation de passer librement sur ses terres de Lorraine, notamment par les villes de Charmes, Darney, Épinal, est signée. Ce n'est qu'un pis-aller.

Louis XI ne l'entend évidemment pas de cette oreille. Chaque camp fourbit ses armes. Après la prise du duché de Gueldre en 1473, c'est avec le siège de Neuss que les hostilités débutent. Le 29 juillet 1474, profitant du litige de Robert du Palatinat avec le chapitre de sa cathédrale, Charles conduit ses troupes à proximité de Cologne. Les soldats impériaux ne parviennent qu'avec bien des difficultés à déloger leur ancien allié. Ces combats, pour lesquels on déplore 13 000 victimes, débouchent sur une déclaration de guerre généralisée. Même les Suisses, pourtant en retrait, se trouvent à leur tour engagés dans une lutte sans merci, unis aux Français et aux impériaux pour atténuer l'influence grandissante de l'ambitieux Bourguignon.

Le degré d'implication s'intensifie et, après quelques semaines d'escarmouches, Charles prend le pari risqué d'attaquer son ancien allié René. Ses soldats s'installent devant Nancy. C'est là que la décision doit se jouer. Un long siège débute, qui aboutit rapidement à la défaite des hommes de René : la ville s'ouvre, pour le plus grand malheur de ses habitants.

Après la diète de Fribourg, véritable premier congrès européen qui envisage une première paix générale en Europe, les armées françaises s'avancent à leur tour et font fuir les troupes d'occupation. Les villes de Bruyère, Remiremont, Saint-Dié et Mirecourt sont, chacune à leur tour, délivrées et retournent entre les mains des 4 000 soldats lorrains. La ville d'Épinal recouvre sa liberté.

Pourtant, Charles le Téméraire ne s'avoue pas vaincu. Rasséréné par de nouveaux appuis et l'arrivée de troupes fraîches, il s'empare de Toul le 11 octobre 1476, puis de Pont-à-Mousson, avant de s'installer devant Nancy de nouveau onze jours plus tard. Avec 12 000 hommes, il fait face aux Suisses, qui sont venus prêter main-forte à René depuis les décisions rendues par la diète le 7 octobre précédent et sont payés pour une large part avec les subsides de Louis XI. Le duc de Bourgogne jure de s'emparer du territoire avant le mois de janvier suivant, pour éviter d'être pris de vitesse par René qui a quitté la ville et demandé de l'aide aux coalisés. Entouré des Anglais emmenés par Arthur, comte d'Oxford, et avec les officiers de sa Maison, Charles mène un long siège devant une ville qui ne dispose alors que de deux mois d'approvisionnement.

Les premières défections sont à déplorer. La Franche-Comté se détache de ses territoires et plusieurs États décident de se retirer de l'alliance. La chance est dans le camp de Charles : trois jours avant Noël, une tentative d'assassinat est même déjouée. Le comte d'Oxford, entendant des cris en pleine nuit, s'est précipitamment rendu à son chevet et a retrouvé Charles dans sa tente, sans vêtements et l'épée à la main. Pour seule réponse à son inquiétude, il a aperçu une lettre clouée sur la table avec un poignard. Redoublant d'attention, une garde rapprochée est donc nommée pour surveiller le pavillon bourguignon.

Le 26 décembre, un ouvrier drapier de Mirecourt nommé Thierry passe toutes les lignes et atteint Nancy pour prévenir les assiégés que René s'apprête à les rejoindre. Ayant battu le roi du Portugal, l'armée de secours atteint Saint-Nicolas le 4 janvier 1477.

Dès le lendemain, comprenant que le temps presse, Charles lance désespérément ses hommes au combat. Un détachement de cavalerie, dirigé par un homme en armure, leur hurle : « Mort aux Bourguignons ! » Le comte d'Oxford lui répond par une attaque immédiate et, comme le rapporte un chroniqueur, « la lance du Suisse glissa sur le casque de l'Anglais, qui avait été son point de mire », avant de se voir lui-même mis en joue. Atteint à travers le bouclier mais aussi la cuirasse et la cotte de mailles, l'adversaire est mis à terre puis expire sur-le-champ. Arthur est fait prisonnier par les Lorrains. Il ne sera libéré que pour s'être battu de façon loyale.

De retour dans le camp bourguignon, il ne trouve que des tentes vides : les Suisses ont tué par centaines les soldats, soutenus par Nicolas de Montfort, le comte de Campobasso, qui a trahi ses anciens alliés.

Où peut bien se trouver Charles ? Nul ne le sait. On part à sa recherche et, au passage du ruisseau de Saint-Jean, on retrouve le corps du duc de Bourgogne à terre, nu, « la tête en partie engagée dans la boue gelée et déjà mangée par les loups ». On ne découvre la raison de son décès que plus tard : abandonné par ses hommes et attaqué sans vergogne, il a succombé devant la masse adverse.

Le soir même, René fait son retour dans sa capitale. La marche est triomphale. C'est « à la lueur des torches, au milieu des acclamations générales » qu'il s'avance. Sur son cheval, il n'entend que les acclamations. Les rues de la ville pavoisent. Selon certaines sources, « toutes les murailles étalent tendues de tapisseries, et [...] les rues étaient remplies d'une foule immense qui poussait de grands cris de joie ; car la nouvelle de la défaite signalée du duc de Bourgogne délivrait les habitants de la crainte d'éprouver la vengeance redoutable de ce prince ». Apprenant la mort de son rival, le Lorrain a décidé de se rendre sur place. Il s'agenouille devant le cadavre et dit : « Plût à Dieu, mon beau cousin, que votre malheur et le mien ne nous eussent point réduits en l'état où je vous vois. » Pour montrer sa magnanimité et sa haute considération, des funérailles solennelles sont rendues à Charles et sa dépouille mortelle déposée dans les caveaux de la collégiale.

Nancy est redevenue indépendante. Pour ne jamais oublier la symbolique date, René fixe au 5 janvier la fête annuelle de la ville, un défilé festif devant accompagner les cérémonies organisées par les autorités locales.

*

De nos jours, dans les rues de Nancy, le style Art Nouveau s'est imposé. Le Bas Moyen Âge n'a pas survécu aux urbanistes, ni aux changements opérés tout au long du XIXe et des débuts du XXe siècle. Intimement liées à la cité de la bergamote, les nombreuses façades aux décors floraux, parfois ornées de libellules ou d'animaux fantasmagoriques, agrémentent le centre-ville. L'école de Nancy a pris son essor et utilisé les rues comme un vaste laboratoire décoratif, si caractéristique avec ses couleurs dérivées d'une nature domptée.

Pour marquer l'opposition aux Allemands qui occupent le nord de l'ancienne région et imposent leur architecture toute de rigueur, un collectif d'artiste se réunit vers 1900 autour d'une maison commune, la « villa Jika » - ainsi appelée d'après l'acronyme du nom de jeune fille de la femme de Majorelle, Marie-Léonie Jane Krest - pour donner libre cours à son imagination.

Émile Gallé allie alors verrerie et faïencerie tandis qu'Antonin Daum excelle dans l'art des cristalleries. Ce duo est rejoint par Eugène Vallin et surtout l'ébéniste Louis Majorelle, dont les innovations fascinent ses camarades. Le plus bel exemple de leur alchimie est offert par cette villa que réalise Henri Sauvage avec Louis Weissenburger entre 1901 et 1902. Leurs trouvailles connaissent un important retentissement à travers toute l'Europe. Œuvre collective, la maison allie marqueteries originales, fresques murales et décors botaniques. Partout apparaissent les

> pomme de pin, monnaie-du-pape : à chaque pièce son thème végétal, qui se retrouve aussi bien sur les vitraux que sur les bibelots et le bois sculpté du mobilier. Les lignes sont fluides, courbes et asymétriques, inspirées des tiges et des branches. Molles et souples, elles donnent l'illusion de meubles mouvants, dont les pieds jaillissent du sol comme des plantes. Les lampes, elles, se recourbent telles des fleurs, nichant leurs ampoules au cœur de délicates corolles en verre soufflé.

Habitée jusqu'en 1926 par son concepteur-propriétaire, la villa Majorelle subit ensuite les bombardements allemands, non pas lors des combats dits du Grand Couronné en 1914, qui maintiennent les adversaires allemands au-delà de la Marne, mais à la suite des tirs de janvier 1916 au cours desquelles le canon « Gros Max » a envoyé des pièces de 380 millimètres sur la ville, depuis les hauteurs de Hampont situées à une quarantaine de kilomètres.

Après plusieurs campagnes de restauration, le site a retrouvé ses couleurs. Inscrite au titre des monuments historiques à partir de 1975, classée en 1996, propriété de Nancy depuis 2003, l'ancienne villa Jika peut de nouveau être visitée. Sur trois étages, les touristes admirent les peintures de la salle à manger réalisées par Francis Jourdain et Henri Royer, la cheminée monumentale en céramique signée Alexandre Bigot et les vitraux à décor de coloquintes dessinés par Jacques Grüber.

Malgré cette omniprésence artistique, le souvenir de Charles le Téméraire n'a pas entièrement disparu. La tradition du 5 janvier, avec le défilé, s'est longtemps perpétuée, jusqu'à être occultée par la Saint-Nicolas avec son lot d'animations et de spectacles ouverts au public.

On retrouve encore ici où là, dans le patrimoine, quelques traces du passage du duc, tombé lors du fatal guet-apens. Sur les bords de l'étang Saint-Jean, là même où a été découvert son corps, un monument s'élève, place de la Croix-de-Bourgogne.

Une plaque commémorative a aussi été apposée sur la façade du n° 30 de la Grande-Rue, juste au-dessus d'une porte, à l'emplacement même où René s'était recueilli sur le cadavre de son ennemi. Et pour rappeler l'épisode, l'un des pavés de Nancy est marqué de la date de 1477.

Les passants savent-ils que, depuis ce temps, la croix de Lorraine, ancienne croix patriarcale et archiépiscopale à deux branches en traverse, autrefois employée par les ducs d'Anjou puis de Lorraine pour montrer leur indépendance, est devenue un symbole de résistance ? Cette tradition, longtemps transmise par les manuels scolaires, explique, pour une large part, le choix du vice-amiral Émile Muselier, dont le père était de la région, de la reprendre à son compte. En juillet 1940, elle figure sur tous les insignes de la France libre. Le général de Gaulle, dont Muselier est proche avant de choisir une autre voie, s'en empare et la fait placer sur la totalité de ses armements, comme l'un des symboles de l'indépendance à recouvrer. Charles le Téméraire a trouvé un successeur...

CHAPITRE 15

Anne de Bretagne devient reine à Plessis-lèz-Tours

L'une des particularités du centre de Tours est de ne pas toujours être directement accessible par le TGV. Le touriste, lorsqu'il souhaite découvrir le cœur de ville, doit souvent faire halte à Saint-Pierre-des-Corps, avant de reprendre une correspondance qui le mène à la gare centrale. Cette spécificité, liée à un tardif engagement pour l'innovation ferroviaire, a bouleversé les travaux de la gare, qui ont dû attendre l'architecte Victor Laloux en 1898 pour connaître leur achèvement.

Une fois arrivé sur place, la façade à double verrière qui ouvre sur la place du Général-Leclerc ne manque pas de surprendre. L'édifice, orné de quatre statues allégoriques réalisées par Injalbert et Hugues qui figurent les destinations desservies par le réseau d'alors – Limoges, Nantes, Bordeaux et Toulouse –, remplace depuis 1898 un premier bâtiment appelé « embarcadère » car longtemps utilisé par les habitants pour se rendre aux Sables-d'Olonne.

En cheminant ensuite dans les rues, le regard est immédiatement attiré par les deux tours de la cathédrale Saint-Gatien de Tours. Vaste vaisseau de pierre, sa nef est baignée des lumières colorées de ses vitraux. Elle reste méconnue et souffre de la proximité avec la basilique Saint-Martin, qui abrite une statue monumentale du célèbre « miséricordieux ». Celle-ci ne cesse de recevoir des flots ininterrompus de pèlerins, se recueillant dans la crypte sur le tombeau du jeune légionnaire qui partagea, avec un mendiant aux portes d'Amiens, la moitié de son manteau – l'autre ne pouvait être offert car il appartenait à Rome. Ayant quitté l'armée vers 356, il se serait converti après avoir vu en songe Jésus, portant sa fameuse tunique qu'il avait sacrifiée la veille. C'est lui qui fonda le premier monastère de la Gaule après avoir évangélisé la région entre 370 et sa mort en 397.

Pourtant, à la cathédrale, les deux gisants placés là depuis la Révolution et qui, ironie du sort, se trouvaient auparavant dans la basilique, méritent qu'on s'y intéresse. Réalisés en marbre de Carrare par l'école de Michel Colombe et placés sur un soubassement noir, ces effigies funéraires évoquent les enfants de Charles VIII et d'Anne de Bretagne, morts en bas âge. Sur le sarcophage, on distingue entre deux médaillons d'émouvantes mentions gravées. Sur la première est indiqué :

> Charles huitiesme, roi pieux et excellent, eut de Anne, reyne et duchesse en Bretagne, son premier fils nommé Charles Orland, lequel régna, sans mort que rien n'épargne, trois ans, trois moys, dauphin de Viennoys, comte d'Yois et de Valentionois. Mais l'an cinq cens moins cinq il rendit l'âme, à Amboise, le seziesme du moys de décembre, puis fut mis soubz la lame.

Quant à la seconde gravure, elle précise :

> Par Atropos, qui les cueurs humains fend d'un dard mortel de cruelle souffrance en dessoubz gist Charles,

second enfant du roy Charles, et de Anne, reyne de France
lequel vesquit Dauphin de Viennoys, comte d'Yois et de
Valentionois, vingt et cinq jours, puis lès Tours du Plessis
en octobre mourut le deux du moys mil quatre cens avec
nonante et six.

Par ce drame familial, la double mention rappelle aux habitants un épisode resté marquant, moins pour les Tourangeaux que pour les Bretons : le mariage d'Anne de Bretagne avec le roi de France.

*

Le 9 septembre 1488, à la mort de son père François II, la jeune princesse a hérité le duché de Bretagne. Âgée d'à peine 11 ans, ses prétendants ne manquent pas et chacun lorgne sur ses terres fécondes, ses forêts giboyeuses et ses riches contrées. Le roi de France ne manque pas de s'intéresser à elle. Il devient même le plus empressé de ses prétendants.

Or, depuis les dispositions prises au traité d'Arras du 23 décembre 1482, une autre héritière est promise à Charles VIII. Lui qu'on appelle « l'Affable » doit en effet épouser la fille de l'empereur du Saint-Empire romain germanique Maximilien Ier de Habsbourg : l'insipide Marguerite d'Autriche lui apportera en dot les territoires qu'il occupe provisoirement, à commencer par les comtés d'Auxerre et de Mâcon, ainsi que la seigneurie de Bar-sur-Seine.

En attendant la confirmation de l'époux, la fiancée a été installée au château d'Amboise. Or, contre toute attente, au début de l'année 1490, le roi change d'avis et, sur les conseils du cardinal Jacques d'Amboise, jette justement son dévolu sur la duchesse de Bretagne.

Dans les cours d'Europe, la manœuvre étonne mais l'on comprend l'objectif visé qui est d'accroître le domaine de France. Malgré une cour assidue, Anne s'y refuse et, pour protéger son duché tout en élevant sa position, envisage au contraire de s'unir à Maximilien afin de devenir impératrice à son tour. Ainsi prendra-t-elle l'avantage sur celui qui tente de lui imposer le mariage et qui, forcément, sera son concurrent direct à défaut de devenir son mari.

En mars 1491, sans qu'aucun Français ne soit informé, un envoyé de l'empereur se rend donc en Bretagne où, selon la tradition, il glisse sa jambe nue dans le lit de la promise pour confirmer l'accord d'union par procuration. Cette fois, c'est Charles VIII qui s'estime trahi. Apprenant la nouvelle, vexé et cherchant à prendre de vitesse son adversaire qui est alors empêtré dans la guerre avec les Turcs, le roi de France envahit les terres d'Anne.

Les défenses érigées tout au long du parcours tombent les unes après les autres. L'avancée est inexorable. La duchesse, de son château de Rennes, assiste impuissante à la progression des troupes. Elle n'a plus le choix : il lui faut accepter par la force ce qu'elle s'est refusée par la ruse. Le 17 novembre, elle assiste à l'entrée dans la ville des armées royales. Près de cent hommes en armes et cinquante archers, qu'accompagnent le comte de Dunois et le duc d'Orléans, paradent en tête du cortège et encadrent leur chef. Trois jours plus tard, les fiançailles sont célébrées : le duché revient à la couronne de France.

Anne, désormais reine contre son gré, se rend au château de Langeais, à 25 kilomètres au sud-ouest de

Tours. L'ancien domaine, constitué depuis l'an mil, a été entièrement rénové. La jeune souveraine se présente vêtue d'une cotte de satin noire, accompagnée par ses dames d'atours, ainsi que par plusieurs membres de sa cour et autres filles d'honneur. Prenant possession de ses appartements, elle constate que tout est prêt selon les vœux du roi et que les draps de son lit sont en or cramoisi « doublé de taffetas rouge, avec gouttières et pantures en drap d'or violet bordé de franges de soie noire ».

Le 6 décembre, ayant revêtu une longue robe blanche ornée de fils d'or, la mariée s'avance devant l'assemblée. La cérémonie se tient en présence de la sœur du roi et régente, Anne de Beaujeu, et d'un riche aréopage. Le contrat est officiellement signé avec, pour témoins, « du côté de la France : le duc d'Orléans, le duc de Bourbon-Beaujeu, le comte d'Angoulême, le comte de Foix, le comte de Vendôme et le chancelier Guy de Rochefort ; du côté de la Bretagne : le prince d'Orange, Philippe de Montauban, chancelier de Bretagne, et le sire de Coëtquen, grand maître du duché, le sire de Guéménée et plusieurs seigneurs de la maison de Rohan ». Toutes les dispositions ont déjà été prises. Si Charles VIII venait à mourir, il est prévu qu'Anne prenne pour nouvel époux le successeur du roi défunt, en l'occurrence son cousin Louis d'Orléans – lui-même deviendra un jour roi sous le nom de Louis XII. Le duché ne peut donc plus échapper à la France.

On l'imagine, cette union déplaît doublement à Maximilien, qui voit non seulement annulées ses fiançailles mais constate surtout que sa fille Marguerite a été dupe de tout ce stratagème. Un mot court : « Fille ne fillette, ville ne villette. » L'humiliation est complète. Pour venger l'honneur bafoué, l'empereur compte évidemment battre le jeune fils de Louis XI. Mais sa situation militaire ne lui permet pas d'intervenir.

De son côté, le nouveau couple français s'installe au château de Plessis-lèz-Tours, à 10 kilomètres à l'ouest de la ville, pour assister aux fêtes données en son honneur. Ce ne sont que réjouissances et agapes. Les journées se poursuivent par des soirées flamboyantes. Après une semaine et demie, c'est en une longue procession que Charles et Anne, précédés du duc d'Orléans, se rendent en direction de Paris, faisant l'objet de toutes les acclamations dans chacune des cités traversées.

Le sacre se déroule le 8 février 1492 dans la basilique Saint-Denis. La cérémonie permet à chacun de constater qu'« il la faisait beau voir, car elle était belle et jeune, et pleine de si bonne grâce ». Désormais couronnée, Anne peut faire, comme la tradition l'autorise, son entrée solennelle dans sa capitale. Il faudra attendre une semaine, le 15 février, pour que le pape Innocent VIII, mis devant le fait accompli, consente d'abord à annuler le mariage qui avait été conclu entre Anne et Maximilien, et qu'il reconnaisse la nouvelle union avec le roi de France. Pour faire passer l'opération, on fait antidater l'acte de plusieurs mois.

À Plessis-lèz-Tours, les festivités ont vite cessé. Le calme revenu, la reine s'y installe de nouveau et c'est là qu'elle donne naissance, le 10 octobre 1492, au dauphin, que l'on prénomme Charles-Orland. L'avenir qu'on promet à cet enfant est des plus brillants. Rien ne lui sera refusé. Baptisé trois jours plus tard, il a pour marraine la reine de Sicile et pour parrains un futur roi et le seigneur de Beaujeu.

Trois ans plus tard, l'enfant contracte cependant la rougeole. Après d'horribles souffrances, il meurt au château d'Amboise. Sa mère aura beau donner naissance à une douzaine d'autres enfants, jamais elle ne se remettra tout à fait de cette disparition.

Devenue, au gré des conquêtes de son mari, reine de Naples et de Jérusalem, puis veuve en 1498, elle recouvre progressivement son autorité sur son duché. Jeune encore, elle doit se remarier, comme cela lui a été déterminé par son contrat de mariage, à son beau-frère Louis XII. Cette troisième alliance lui reconnaît enfin ses droits sur la Bretagne et prévoit sa propre succession, qui reviendra à son second fils : « S'il avenoit que d'eux deux en ledit mariage n'issist ou vinst qu'un seul enfant masle, que cy-après issent ou vinssent deux ou plusieurs enfans masles ou filles, audit cas, ils succéderont pareillement audit duché, comme dit est. » Plus étonnant encore, sa fille Claude, issue de ce mariage, sera plus tard destinée à épouser Charles de Habsbourg avant de s'unir à son cousin François d'Angoulême, futur roi de France...

Quant à Anne, à l'issue de la quatrième guerre d'Italie au cours de laquelle les armées françaises perdent tous les territoires acquis de haute lutte pendant vingt ans, elle n'a plus la force de se battre. Elle s'éteint, vaincue par le chagrin, le 9 janvier 1514, au château de Blois. De grandioses funérailles lui sont réservées. Pendant quarante jours, on l'élève au rang de divinité consacrée. Louis XII exige qu'elle soit inhumée à Saint-Denis et son cœur placé dans un cardiotaphe d'or.

*

Il faut attendre trois siècles, en 1830, pour qu'un mausolée soit érigé dans la nécropole de Saint-Denis où, selon la notice explicative, « un petit temple à l'antique, en marbre blanc et bronze » se trouve « entouré des douze apôtres et des quatre vertus cardinales, prudence, force, justice et tempérance ». Le soubassement, orné de bas-reliefs « qui illustrent plusieurs épisodes victorieux des guerres d'Italie », supporte les priants du couple royal, enfin réuni dans la pierre, tandis que les silhouettes sont reproduites à l'intérieur du mausolée en « transi », comme figés « dans la mort ».

L'inventaire après décès, récemment étudié, établit les innombrables trésors légués à la couronne de France : orfèvreries, vaisselles d'or, tapisseries, meubles et textiles divers mais aussi objets religieux destinés aux chapelles où la reine priait pour le repos de l'âme de ses enfants.

De cette vie de souffrance, reste une influence jamais démentie. Le visage d'Anne se retrouve partout en Bretagne. Son culte n'a jamais cessé. On implore sa mémoire, cultive son souvenir. Dans tous les domaines, elle a marqué son époque. C'est à elle que l'on doit notamment la réalisation des *Grandes Heures* commandées à Jean Bourdichon. L'ouvrage de l'enlumineur tourangeau, achevé en 1508, aujourd'hui conservé à la Bibliothèque nationale de France, reste considéré comme l'un des derniers chefs-d'œuvre du Moyen Âge : par ses miniatures colorées, il annonce les évolutions stylistiques que la Renaissance transformera à partir de la décennie suivante.

À Plessis-lèz-Tours, il est toujours possible de visiter une partie du château. Si un seul corps du bâtiment originel subsiste avec une tour rectangulaire, la longue histoire du site transparaît à travers les restes de la forteresse, profondément remaniée à la fin du XIXe siècle. Les embellissements édictés par Charles VII puis Louis XI, qu'ont connus Anne et Charles VIII, ont survécu à la Révolution et forment un écrin de choix.

L'ancien domaine royal, acquis par la ville de Tours, est récemment devenu la résidence d'une compagnie théâtrale. Il offre une scène de qualité à des artistes qui, tous, cherchent à perpétuer la tradition instaurée par Anne au moment de son mariage. Comme en décembre 1491, les traditions bretonnes forment l'ossature des spectacles proposés...

CHAPITRE 16

Léonard de Vinci s'éteint à Amboise

De l'extérieur, elle fait songer à la Sainte-Chapelle de Paris ou à celle de Vincennes. Ses proportions, plus modestes, ne lui en donnent finalement que l'allure. Malgré tout, la chapelle Saint-Hubert d'Amboise, sur les bords de Loire, n'a rien à envier à ses modèles, car elle voit défiler depuis plusieurs siècles les apprentis peintres en pèlerinage, les amateurs de thrillers historiques en quête de sensations fortes, sans oublier les touristes ou simples curieux venus d'un peu partout pour découvrir une part du génie artistique. La présence du tombeau de Léonard de Vinci offre à l'édifice, élevé dans le domaine d'Amboise, un prestige inégalé.

Dès qu'on entre dans la chapelle, on découvre des linteaux ornementés qui forment un écrin digne des plus grands rois. Au fond du bâtiment religieux, il est possible de s'approcher de la dalle, entourée d'une rampe en fer forgé, où un éloquent médaillon au profil signale la qualité du personnage devant lequel on s'apprête à s'incliner. Sans doute l'émotion qui étreint le visiteur s'apparente-t-elle à celle qui gagna les disciples du maître cinq siècles auparavant, le 2 mai 1519.

*

Après la disparition de Léonard, ses proches sont sous le choc. Le 1er juin, Francesco Melzi, l'un de ses plus brillants élèves, écrit à tous ceux qui l'ont connu et précise que des dispositions ont été prises :

> Vous avez dû avoir connaissance de la mort du Maître Léonard, votre frère, lequel eut toujours pour moi la tendresse du meilleur des frères. Il m'est impossible d'exprimer la douleur que me cause ce cruel événement ; tout ce que je puis vous dire, c'est que je garderai, jusqu'à la fin de mes jours, un chagrin mortel. Cet homme si extraordinaire, que la nature n'en pourrait produire un autre semblable, est l'objet de regrets universels. Que le Dieu tout-puissant lui accorde un éternel repos ! [...] Il mourut le 2 mai, bien disposé à recevoir les sacrements de l'Église. [...] Maître Léonard fit son testament que je vous aurais déjà envoyé si j'avais pu le confier à une personne sûre. [...] Toujours très disposé à seconder votre volonté, je me recommande à vous continuellement.

La nouvelle est accueillie avec douleur par l'ensemble des personnes ayant suivi Léonard sur les bords de Loire. Parmi eux : les quatre fidèles disciples, tous prénommés André - Solario, del Sarto, Squazella et Pillastron. Ils auront beau continuer de produire pour la cour royale, ils comprennent que rien ne sera comme avant. Pour les Bellini et autres Della Robia, il faut maintenant s'installer à Fontainebleau.

Parmi les dernières volontés exprimées par Léonard, que respectera le roi, le corps de l'artiste reposera sur place. Il faudra cependant attendre trois siècles et demi pour qu'il se retrouve dans la chapelle Saint-Blaise.

François Ier connaît bien les lieux. Il y a été assigné à résidence avec sa mère, Louise de Savoie, du temps de Louis XII. Lui le natif de Cognac, qui a vu le jour le 12 septembre 1494, a été très tôt associé au pouvoir. Petit cousin au quatrième degré d'un roi sans successeur, devenu le plus proche prétendant à la couronne, on le fait entrer au conseil et il devient, à partir d'octobre 1512, commandant en chef de l'armée de Guyenne.

Le Nouvel An de 1515 change son existence et la mort de Louis XII le fait roi. François entre à Paris mi-février, après son sacre à Reims trois semaines auparavant. Il lance de nouvelles mesures, à commencer par d'ambitieux travaux confiés aux artistes de la Renaissance italienne. Pour montrer le changement qui s'opère, la salamandre devient l'emblème unique et se retrouve sur tous les décors, à la fois graphiques ou architecturaux.

De ses nombreux séjours à Amboise, le représentant de la branche Valois-Angoulême a conservé un attachement empreint d'une affection jamais démentie. C'est entre les murs du château voulu par Charles VIII qu'il reçoit les députés envoyés par le Parlement venus protester contre la signature du Concordat, qu'il accueille ses amis et écrivains favoris, qu'il organise des fêtes toutes plus somptueuses les unes que les autres.

En amateur d'art éclairé, lorsqu'il a fait l'acquisition de la *Sainte Famille* de Raphaël, puis du portrait de Jules d'Aragon ou de la *Joconde* de Léonard de Vinci, c'est aussi à Amboise qu'il a présenté pour la première fois ces célèbres trésors qui font sa fierté de collectionneur.

François a rencontré Léonard à différentes reprises lors de ses séjours italiens. Le souverain et l'artiste se sont en effet croisés à Bologne en marge de l'entretien accordé par le pape Léon X au roi de France, puis se sont vus plus longtemps à Milan lors de la réception donnée par Ludovic Sforza, dit le More. À cette occasion, le grand monarque a pu admirer la fresque intitulée la *Cène* que Vinci a réalisée pour le réfectoire des Dominicains. Le coup de cœur a été réciproque.

Aussi, dès le début de l'année 1516, l'artiste âgé de plus de 65 ans décide-t-il contre toute attente d'accompagner François Ier sur ses terres françaises. Il a beau y être venu du temps de son prédécesseur Louis XII, cette fois c'est à résidence qu'il s'installe. Le Clos-Lucé lui est réservé pour une durée de deux ans. À son arrivée, il est même accueilli par le souverain en personne, qui lui annonce : « Tu es libre ici Léonard, de rêver, de penser et de travailler. » Il dispose de crédits illimités, une attestation de paiement mentionnant la pension versée : « A maistre Lyenard de Vince, paintre ytalien, la somme de 2 000 écus soleil, pour sa pension di celles deux années. » Il réalise derechef des fresques pour le domaine et, ayant découvert avec bonheur les environs, de nombreux projets sont mis en chantier.

Le roi souhaite d'ailleurs qu'un nouveau plan lui soit soumis pour le château d'Amboise. Ses exigences n'autorisent aucun retard, car

> au lieu et place du manoir royal [il faut] un vaste et magnifique palais entouré d'une cour agrémentée de portiques, et comprenant des salles de danses, de jeux, de réception. Tout à côté, on aurait aménagé un large bassin destiné aux joutes sur l'eau. Enfin le palais eût été doté de nombreuses

améliorations pratiques telles que : poutres recouvertes de maçonnerie, afin d'écarter tout danger d'incendie, tuyaux dissimulés dans les murs, éloignant ainsi et portant au dehors les odeurs désagréables. Un ingénieux système de contrepoids aurait, en outre, permis aux portes de se fermer automatiquement. Bref, ce château construit, non plus en vue d'un rôle militaire, mais bien sur les bases d'une vie nouvelle, eût égalé sinon dépassé les admirables demeures de la Renaissance italienne.

Sur les bords de Loire, les heures s'égrènent. Plusieurs visites agrémentent malgré tout le séjour de Léonard. Parmi les plus importantes, celle du cardinal Louis d'Aragon, qui lui transmet les éloges d'une partie de l'Église. Le vénérable maître devient un phénomène, attire à lui tous les esprits. Pour être devenu la principale célébrité de la région, plusieurs dames et quelques seigneurs se pressent à son atelier pour admirer ses œuvres. Les sollicitations deviennent trop pressantes. Sa santé décline.

Le 23 avril 1518, sentant sa fin proche, il dicte ses dernières volontés. Le long texte débute par ces mots :

> Soit manifeste à chacune personne présente et à venir qu'en la cour du roi, notre sire, à Amboise, devant nous personnellement constitué, messire Léonard de Vinci peintre du roi, pour le présent demeurant au lieudit du Cloux, près d'Amboise, lequel considérant la certitude de la mort et l'incertitude de son heure, a connu et confessé, en ladite cour devant nous, en laquelle il s'est soumis et se soumet au sujet de ce qu'il aura fait par la teneur du présent son testament et ordonnance de dernière volonté.

Le 2 mai 1519, après avoir réparti ses affaires entre ses disciples, l'artiste s'éteint, entouré de quelques amis. Contrairement à la légende, le roi n'est pas à son chevet.

Le Clos Lucé s'enfonce pour une longue période de doute. Il faut attendre 1854 pour que la famille Saint Bris acquière l'ancien domicile du Toscan. Après les aménagements paysagers du parc à l'anglaise et de l'étang, les premiers visiteurs sont accueillis. Un siècle après l'arrivée des nouveaux propriétaires, l'ambition est de « faire du Clos Lucé un haut lieu de l'humanisme et de la pensée internationale, dans un monde qui cherche, à travers ses troubles, le chemin d'une nouvelle Renaissance ». Les générations se succèdent pour rappeler, à travers dix-huit maquettes géantes et interactives, l'extraordinaire « génie visionnaire » de l'ingénieux Léonard.

*

À Amboise, comme un symbole, l'inhumation de l'artiste dans la collégiale Saint-Florentin a aussi été le dernier moment de plénitude. Dès cet instant, les difficultés se sont accumulées, le château attisant les jalousies et animant les oppositions les plus fortes. Théâtre de la fameuse conjuration de 1560 au cours de laquelle La Renaudie tenta de soustraire le roi François II à l'influence des Guise, il est ensuite passé de main en main, avant d'être successivement la résidence de Gaston d'Orléans, du duc de Choiseul puis du duc de Penthièvre. Propriété d'État à deux reprises - d'abord entre 1793 et la chute de l'Empire, puis de 1848 à 1873 -, c'est entre ses murs qu'on assigne à résidence l'ancien chef de la Smalah, Abd el Kader. La captivité du héros s'achève dès la visite que lui rend Louis-Napoléon, le 16 octobre 1852. La décision du prince-président est sans appel :

> Vous avez été l'ennemi de la France, mais je n'en rends pas moins justice à votre courage, à votre caractère, à votre résignation dans le malheur ; c'est pourquoi je tiens à honneur de faire cesser votre captivité, ayant pleine foi dans votre parole.

Le site redevient propriété de la famille Orléans à partir de la chute du Second Empire avant de se voir entièrement rénové par Victor Ruprich-Robert, puis par son fils. Devenu un hospice par la volonté du duc d'Aumale, c'est aujourd'hui un domaine entièrement ouvert au public.

Ici, le temps semble s'être figé. Considéré à juste titre comme l'un des plus beaux joyaux de la Renaissance, son architecture est un résumé idéal des années 1470-1520. Après la tour garçonnet, on suit le chemin de l'ancienne galerie pour accéder au pavillon Penthièvre – l'ancien logis du roi – avant d'accéder aux deux ailes Charles VIII et Louis XII miraculeusement préservées. Dès la salle de l'échanson, on suit la chronologie par la porte du temps : chambre d'Henri, antichambre, avant que les appartements de Louis-Philippe ne permettent d'accéder au salon de musique orné au mur des portraits de la famille royale. Le parcours est conçu comme un circuit initiatique : après la salle des gardes nobles, celle des tambourineurs ouvre sur la salle dite des États ou du conseil, avec son riche plafond à voûtes d'ogive et écoinçons au double chiffre de Charles et Anne de Bretagne, flanqué de piliers ornés de mouchetures d'hermine. En quittant le portique des quatre travées, le trajet conduit aux deux dernières tours, celles des Minimes et Heurtault.

Dans un jardin de deux hectares et autour de l'orangerie, des essences d'arbres remarquables voisinent avec les parterres dessinés à l'extrême fin du XVe siècle par le paysagiste napolitain dom Pacello da Mercogliano. Des milliers de buis-boules agrémentent les allées. La terrasse de Naples offre un point de vue imprenable sur les berges. Au cœur du parc à l'anglaise imaginé par le roi Louis-Philippe, bien qu'il soit difficile de deviner l'emplacement de l'ancienne collégiale détruite en 1807 par l'ancien consul Roger-Ducos devenu baron de l'Empire (qui y avait pris ses quartiers), une sculpture occupe l'espace laissé vacant.

Rare témoignage de l'ancien lieu de sépulture de Léonard, isolé entre le récent conservatoire du mûrier et placé non loin des trois belvédères, un buste aux traits de l'artiste a en effet, depuis mai 2019, été inséré dans un écrin de verdure. Deux pots abondamment fleuris enserrent la silhouette du peintre éternisé. La sculpture reprend les traits d'une ancienne œuvre datant de 1869, signée Henri de Vauréal à la fin du règne de Napoléon III. En marbre de Carrare, cette réplique a été réalisée par l'artiste et double lauréat du prix des métiers d'art Ianek Kocher, et a pris la place de l'originale, laquelle trône aujourd'hui dans les appartements intérieurs où les affres du temps ne l'exposent plus aux intempéries.

Cette rare évocation sert la mémoire de celui qui avait donné ses lettres de noblesse au château. Même si des doutes subsistent sur l'authenticité des restes inhumés en 1874 et si les analyses d'Arsène Houssaye prêtent à discussion, l'hommage appuyé à l'artiste est partout présent. À Amboise, Léonard continue de régner dans les jardins autant que dans l'esprit des quelque 400 000 visiteurs qui cherchent à déceler les derniers mystères du plus secret des créateurs.

CHAPITRE 17

François Ier lance la conquête du Canada au Mont-Saint-Michel

Accéder au Mont-Saint-Michel nécessite de s'organiser. Quelle que soit la saison, non seulement il convient de vérifier les horaires et les éventuelles amplitudes des marées mais surtout, en été, le flot ininterrompu de visiteurs justifie de se lever tôt. D'autant que, depuis que la baie a été classée en 2012 au patrimoine mondial de l'Unesco, ce sont non seulement le site, mais aussi les bâtiments et les environs qui sont l'objet des attentions.

Profiter au mieux de l'exceptionnel ensemble architectural se mérite. Les ruelles étroites peuvent paraître escarpées mais, une fois atteint le sommet, l'effort du promeneur est récompensé. En parvenant sur les remparts, la vue reste parmi les plus belles qu'il soit permis de contempler. Et en se retournant, on peut alors apercevoir la flèche, surmontée de l'effigie dorée de saint Michel.

La fondation par l'évêque d'Avranches, saint Auber, a fait de ce site l'un des principaux promontoires du pays. En 1884, dans son discours pendant les débats sur le caractère insulaire du Mont-Saint-Michel, Victor Hugo ne craint pas d'affirmer : « Le Mont-Saint-Michel est pour la France ce que la grande pyramide est pour l'Égypte. Il faut la préserver de toute mutilation. Il faut que le Mont-Saint-Michel reste une île. Il faut conserver à tout prix cette double œuvre de la nature et de l'art. » Pour cela, ajoute-t-il, « il faudrait entasser les superlatifs d'admiration comme les hommes ont entassé les édifices sur les rochers et comme la nature a entassé les rochers sur les édifices ».

*

Depuis 708, les deux oratoires primitifs ont laissé place à un bâtiment unique. Cette époque coïncide aussi avec l'arrivée d'une plus importante communauté, vouée au culte de l'archange. Après de nombreuses transformations au cours des siècles, il devient un lieu de pèlerinage. Et face aux invasions vikings, ce haut lieu de la chrétienté permet aux populations environnantes qui cherchent à fuir l'envahisseur de se protéger entre les hauts murs de la citadelle.

Au fil du temps, les Bénédictins ont installé en son sommet une importante abbaye. La visite de saint Louis a assis sa réputation, puis à la Renaissance cette terre surgie des flots est devenue un point particulièrement recherché des fidèles en quête de spiritualité.

Le 8 mai 1532, François Ier s'y arrête. Engagé dans une grande inspection des côtes du royaume, il est accompagné de son fils, le dauphin Henri, alors âgé de 13 ans. On remarque aussi l'amiral de France Philippe Chabot, les comtes de Saint-Paul, de Brienne et de Saint-Pierre, ainsi que de nombreux ecclésiastiques dont l'archevêque de Reims, le cardinal Charles de Lorraine ainsi que les évêques de Bayonne et d'Albanie.

La visite royale a deux objectifs majeurs. D'abord rattacher la Bretagne, encore autonome, au reste du pays : l'ordre de Saint-Michel, voulu par Charles VII

« en reconnaissance de la protection mystérieuse que l'archange étendait sur l'Avranchin », finalement fondé par Louis XI, est renforcé par la présence du roi. Désormais, symboliquement, l'institution remplacera sur ses armoiries « les doubles lacs du collier par une cordelière, parce qu'il portait le nom de l'instituteur des Franciscains, et pour se conformer aussi à la prière de la reine Anne de Bretagne, sa belle-mère ».

L'autre intérêt, plus prosaïque et mercantile, est pour le monarque de s'entretenir avec le prélat Jean Le Veneur de Tillières, évêque de Lisieux, grand aumônier de France et abbé du Mont-Saint-Michel, afin d'explorer de nouvelles terres. Un marin, né à Saint-Malo en 1491, s'avance pour exposer au souverain son projet : il s'appelle Jacques Cartier, et souhaite se lancer dans une expédition au nord des Amériques. Le projet est clairement de damer le pion aux Espagnols et aux Portugais, engagés dans une ambitieuse course aux découvertes.

Le Malouin, invité à se joindre à la réunion, vient tout juste d'arriver à l'abbaye. Il prétend avoir accompagné des marins normands sur les côtes brésiliennes et cherche à valoriser son expérience des grandes traversées. L'évêque, qui le connaît par des membres de sa famille, va changer son destin.

La rencontre entre le navigateur et le roi vient à peine de commencer que le monarque l'assaille de questions : comment se rendre de l'autre côté de l'océan, quels moyens faut-il engager, une colonie peut-elle ensuite s'installer ? Les témoins présents comprennent le désir secret de François Ier : dans son affrontement contre son beau-frère et adversaire Charles Quint, une prise importante sera toujours préférable à une guerre indécise. Tous ignorent alors que la grande exploration deviendra un jour le Canada.

Une fois les grandes lignes tracées, chacun se quitte. On s'est donné rendez-vous dans moins de deux ans. Cartier repart vers la Bretagne tandis que, le lendemain, le roi est déjà à Fougères puis, le 14, à Châteaubriant. Son voyage le conduit ensuite à Rennes le 19 juillet, à Rochefort-en-Terre le 30, avant que la cour n'atteigne Vannes puis Nantes en août. Le 4 septembre, on s'installe à Angers.

La visite au Mont Saint-Michel a marqué les esprits. Le roi, ayant compris que le site était imprenable, y fait incarcérer l'année suivante le théologien Noël Béda, coupable de l'avoir critiqué pour sa tolérance envers les protestants. Détenu dans les cachots, puis relâché pour un premier exil dès 1533, ce dernier récidive à sa mise en liberté et, après avoir fait amende sur le parvis de Notre-Dame de Paris, se voit de nouveau enfermé dans l'abbaye, où il meurt le 8 février 1537.

Pendant ce temps, Jacques Cartier se prépare. C'est évidemment de sa chère cité de Saint-Malo que le périple doit débuter. Le 20 avril 1534, avec deux navires transportant soixante et un membres d'équipage, celui qui vient d'être nommé depuis le 19 mars précédent « pilote marinier » – car considéré comme seul « capable en raison de ses voyages au Brésil et Terre-Neuve de conduire des navires à la découverte de terres nouvelles dans le monde nouveau pour le roi » –, quitte la terre ferme.

Ses hautes qualités doivent lui permettre de « descouvrir certaines ysles et pays où l'on dit qu'il se doibt trouver grant quantité d'or et autres riches choses ».

Outre la richesse, lui poursuit la secrète ambition de devenir, ni plus ni moins, l'un des plus grands marins de son temps.

La traversée est rapide. En vingt jours, on atteint Belle-Ilse. Les zones de pêche sont connues des marins mais, cette fois, après un premier arrêt, on arrive à Terre-Neuve le 10 mai avant de se présenter dans un détroit qu'on imagine ouvrir vers l'Asie. En réalité, il s'agit non d'une continuité de l'océan mais d'un fleuve. On s'y engage, puis contourne la pointe nord de l'actuelle Île-du-Prince-Édouard, avant qu'une tempête ne pousse les Français le 24 juillet jusqu'à la Gaspésie, péninsule à proximité de l'actuel Québec.

Les difficultés commencent. Les Iroquois de Stadaconé ne souhaitent pas se défaire de leurs possessions et renoncer à leurs riches forêts. Devant une telle adversité qui s'ajoute à la peur d'une météo difficile, les navigateurs rebroussent chemin, malgré l'aide de deux Amérindiens dont on est parvenu à se faire des guides sûrs. Le retour en France, le 5 septembre, sonne comme un échec. Mais Cartier est bien décidé à repartir, souhaitant tirer profit de ce premier voyage qui a duré 137 jours.

L'année suivante, il souhaite entreprendre un second voyage, cette fois pour remonter le cours d'eau que l'on imagine, à tort, mener vers les Indes. Les provisions doivent le faire tenir quinze mois. Aux deux navires de soixante tonneaux ont désormais succédé trois bateaux – la *Grande Hermine*, la *Petite Hermine* et l'*Émerillon* –, avec à leur bord un double d'équipage, soit 112 officiers et matelots. Jan Poullet, sire de Dol, est chargé, en qualité de commissaire de bord, de rendre compte de l'expédition.

Après l'île d'Orléans, la remontée du fleuve s'effectue, à partir du 10 août, toujours sous la conduite des mêmes guides, Domagaya et Taignoagny. Le paysage que découvrent les marins les subjugue : en souvenir de ce jour qui coïncide avec sa fête, on donne au fleuve emprunté le nom de Saint-Laurent. C'est aussi pendant cette délicate remontée que la ville de Hochelga est découverte. Elle sera bientôt renommée Mont Royal. C'est l'actuelle Montréal.

Dès octobre, le froid commence à s'installer et le scorbut atteint les équipages, en manque de vitamine C. Il faut l'intervention des populations locales, qui préparent des décoctions et des tisanes, pour que les effets s'atténuent. Mais, bientôt, le retour vers la France s'impose, les rigueurs hivernales devenant trop difficiles à supporter.

La troisième expédition qui se lance le 23 mai 1541, avec cinq navires, cherche cette fois à coloniser les espaces découverts. Jacques Cartier doit, la mort dans l'âme, laisser le commandement à un courtisan protestant, Jean-François de La Rocque, sieur de Roberval. Malgré les moyens considérables engagés, l'échec est complet.

Après avoir créé un comptoir en fondant Charlesbourg Royal, Cartier a emporté avec lui quelques pierres brillantes qu'il imagine des diamants. En réalité, à la clé, ces trésors s'avèrent de la pyrite de fer et du quartz sans valeur. L'expression « faux comme un diamant du Canada » fera les beaux jours de la cour.

Dépité et fatigué, Cartier se retire alors dans la campagne malouine. Ce fils d'un humble pêcheur, devenu par son seul courage et son mariage avec Catherine des Granges le gendre du connétable local, a maintenant une aisance qui lui permet de profiter de sa gloire.

Son manoir de Limoëlou, à Rothéneuf, est son ultime étape. Consignant ses relations de voyage, il laisse des conseils pour ses successeurs, offrant à la postérité des souvenirs qui fascineront des générations de lecteurs. Dès ses premières impressions, il évoque oiseaux et autres animaux fantastiques :

> Et néantmoins que ladite isle soyt à quatorze lieues de terre, les ours y passent à no de la grant terre pour mangier desdits ouaiseaulx, desquelx noz gens en trouuèrent vng, grant comme vne vache, aussi blanc comme vng signe, qui saulta en la mer dauent eulx ; et le lendemain qui est le jour de la Penthecouste, en faisant nostre routte vers terre, trouuames ledit ours enuiron le my chemin, qui alloit à terre aussi fort que nous faisions à la voille ; et nous, l'ayant aperceu, luy baillames la chasse o noz barques et le prinmes à force ; la chair duquel estoit aussi bonne à mangier comme d'vne génise de deux ans.

Un demi-siècle plus tard, Samuel de Champlain, fondateur de Québec, saura s'en souvenir.

Cartier, quant à lui, n'a pas vu le résultat de ses efforts : atteint par la peste, il meurt le 1er septembre 1557. Son corps repose dans la cathédrale de Saint-Malo. Pour tombe, une simple dalle gravée a été placée dans une chapelle latérale. Paradoxalement, par sa sobre allure et sa noble position, elle atteste de l'ambition de cet homme au destin hors du commun.

*

Si, au Mont-Saint-Michel, une plaque a été apposée sur le lieu même de la rencontre entre le roi et l'explorateur, c'est surtout dans sa terre bretonne que les hommages se sont multipliés. À Rothéneuf, non loin de la modeste église, un buste accueille le passant sur la place du Canada. La statue, inaugurée en 1934 à l'occasion du 400e anniversaire du premier voyage au Canada de l'explorateur, a été conjointement offerte par la société des amis de Cartier à Montréal, l'association malouine des amis de Jacques Cartier et la ville de Saint-Malo, dont Rothéneuf est aujourd'hui l'un des bourgs.

Non loin de là, à quelques centaines de mètres, le manoir familial acheté en 1541 sur la route de Cancale est devenu un musée dont la visite, tout au long de l'année, vaut pèlerinage. Les détails de l'épopée et de l'œuvre du marin breton foisonnent dans chacune des pièces. Trois thèmes y sont principalement proposés : les voyages au Canada, la vie quotidienne au XVIe siècle, la navigation au temps des Grandes Découvertes.

À l'étage, on découvre par la fenêtre les champs environnants. Si le terme de « limoëlou » faisait autrefois référence au « tertre chauve », on est aujourd'hui surpris de découvrir de vastes prairies aux riches herbes foisonnantes.

Sans doute Jacques Cartier serait-il tout autant surpris de constater aujourd'hui que ses cuisines du rez-de-chaussée ont été laissées en l'état et font l'objet de visites guidées. Sa maison, préservée, a inspiré un type architectural jusqu'alors inédit : les malouinières. En acceptant la mission royale, le marin aura incité négociants et armateurs de sa région à prendre exemple sur son domaine. À défaut de trouver la fortune, Cartier a ainsi donné naissance à un style architectural...

CHAPITRE 18

L'assassinat du duc de Guise à Blois

Depuis vingt-cinq ans, à Blois, les Rendez-vous de l'histoire réunissent universitaires et spécialistes autour de thématiques communes. Les programmes proposés ont successivement évoqué le travail, les femmes, l'opinion, les empires, la mer… Par leurs transversalités, tables rondes, conférences ou simples dédicaces parviennent ainsi à réunir les principaux acteurs ou témoins d'une recherche en constante évolution, croisant idéalement leurs regards et analyses avec les meilleurs connaisseurs, éditeurs ou amateurs éclairés.

Pour offrir, à l'instar de la Halle aux grains, un cadre adapté et inviter le public à découvrir des lieux ayant marqué le passé, plusieurs sites patrimoniaux servent d'écrin aux rencontres. Il est possible, le temps d'une invitation, de se partager entre Hôtel de Ville, préfecture, café littéraire et université.

Le château ne fait pas exception. L'ancien palais royal retrouve pour quelques jours l'éclat et les fréquentations de jadis. De nouveau envahi d'une foule importante, il laisse redécouvrir sa principale prouesse architecturale qu'est son escalier hors œuvre à vis : annonçant, on le sait, celui à double révolution de Chambord, il reste d'une rare qualité technique et a été inséré dans l'aile réalisée entre 1515 et 1518 afin de moderniser un ensemble conçu depuis le XIIIe siècle. La Renaissance n'aura donc pas été seulement une époque de pleine réhabilitation des formulations esthétiques anciennes : en accomplissant les innovations engagées par les ingénieurs et architectes de la fin du Moyen Âge, elle aura bouleversé les savants équilibres des siècles précédents.

*

En 1581, après la mort de Henri II, les Guise s'imposent auprès de l'autorité royale. Le duc est nommé grand-maître de la maison du roi à la place du connétable Montmorency et son influence ne cesse de croître. Mais cette ascension suscite des jalousies, à commencer par celle de Henri III qui commence à voir d'un très mauvais œil une famille attirer à elle les grands du royaume.

Pour asseoir son autorité, le monarque décide de convoquer des états généraux. À Blois, lieu de pouvoir depuis François Ier, se réunissent les représentants de l'État onze ans après la précédente réunion déjà organisée ici. De nombreuses fêtes et cérémonies sont prévues, afin de divertir les participants. Mais une menace pèse : le château sera-t-il le théâtre d'un double meurtre comme le 4 mai 1581 où, pour s'être affrontés en duel à l'épée, Jean de Livarot et le marquis de Maignelais y ont perdu la vie ?

Le parti catholique, réuni en une Ligue, cherche par tous les moyens à contenir la puissance des protestants, en particulier au sein de la cour. Lorsque Henri III se rend sur place, dès le 11 septembre 1588, il convoque l'ensemble des invités dans son cabinet. Très vite, il constate, au vu de leur peu d'enthousiasme, que la plupart ont déjà prêté allégeance au duc de Guise, donc à la Ligue. D'ailleurs, les trois représentants du clergé, de la noblesse et du tiers – le cardinal de Guise, le comte de Brissac et La Chapelle-Marteau –, en sont directement issus.

Le 16 octobre, la réunion des députés débute par le discours du roi, suivi des interventions du garde des Sceaux Montholon, de l'archevêque de Bourges et de Beaufremont-Senecy, puis du représentant du tiers. Les ligueurs tentent par tous les moyens d'influer sur le cours des débats, cherchant à profiter de la faiblesse du monarque.

Le 18 décembre, Henri III veut frapper un grand coup. Tandis que l'assistance se presse au mariage de la fille du duc de Lorraine, Christine, avec le grand-duc de Toscane Ferdinand de Médicis, le roi réunit secrètement quelques comparses, parmi lesquels se trouvent le maréchal d'Aumont, Nicolas et Louis d'Angennes, Alphonse d'Ornano et Beauvais-Nangis. Il leur ordonne d'arrêter le duc de Guise, coupable d'avoir conspiré contre sa personne. Et, pour y parvenir, il faut mettre aux arrêts, en même temps, le cardinal de Guise ainsi que les ducs de Nemours et d'Elbeuf, tout comme le cardinal de Bourbon qui ne cesse de comploter.

Pour commencer, il convient d'isoler le duc de Guise dès son arrivée. Cela se déroulera sur la terrasse appelée perche aux Bretons, et cette mission devra être confiée à Crillon, colonel du régiment des Gardes. Mais, devant son refus – craint-il de tout perdre et doute-t-il de la puissance réelle du souverain ? –, la tâche incombe au premier gentilhomme de la chambre, un certain Loignac. Le vendredi

23 décembre, avant-veille de Noël, la prophétie de Nostradamus paraît s'accomplir : « Paris conjure un grand meurdre commettre, / Bloys luy fera sortir son plein effect. »

On prétexte le départ du roi vers un hypothétique pèlerinage à Notre-Dame de Cléry pour réunir conseil. Le duc de Guise, qui vient tout juste de quitter sa maîtresse la marquise de Noirmoutiers, se présente sans se douter du piège. La veille, un billet a pourtant cherché à l'avertir du sombre dessein qui le vise. Pour toute réponse, il aurait dit : « Il n'oserait. » Et il a achevé son dîner, avant de passer sa soirée dans le lit de sa belle.

Les conjurés sont prêts. Dehors, il pleut abondamment et, tandis que le duc monte les marches du grand escalier, Larchant dispose ses gardes en double haie pour attendre la future victime.

Guise n'est pas encore arrivé dans la salle du conseil que tout est déjà en place. Comme le racontera un chroniqueur,

> il trouve déjà réunis : le cardinal son frère, les cardinaux de Gondy et de Vendôme, les maréchaux d'Aumont et de Retz, Rambouillet, MM. de Marillac et Petremol, maîtres des requêtes, Marcel, intendant des finances, et Fontenay, trésorier de l'épargne. Peu après arrive l'archevêque de Lyon. Le duc de Guise prend place auprès du feu, en se plaignant du froid. Tout d'un coup, il devient pâle, et, soit pressentiment de la mort, soit terreur de son isolement, ou fatigue des excès de la nuit, il sentit son cœur défaillir.

Il croit voir approcher le roi mais, tandis qu'il traverse la chambre, il est immédiatement encerclé. À peine parvient-il à appeler au secours qu'il se retrouve cerné par les gardes. « Mes amis ! mes amis ! trahison ! » s'écrie-t-il. Atteint par plusieurs coups, il s'effondre au pied du lit royal en disant ces derniers mots : « Mon Dieu ! miséricorde ! »

La réaction de son adversaire est étonnante. Voyant le duc mort, le roi, qui s'est seulement caché, lui donne un coup de pied au visage et se contente de ces mots : « Mon Dieu qu'il est grand, il paraît encore plus grand mort que vivant. » Le corps est alors recouvert d'un tapis et placé dans la garde-robe. Ses proches n'auront pas eu le temps de lui venir en aide : tous sont hors d'état de nuire. Un à un, ils ont été placés sous les verrous. Quant à Catherine de Médicis, restée alitée pour des raisons de santé, elle aurait dit à son fils, apprenant la mort du duc : « C'est bien coupé, mais il faut à présent coudre ; activité et vigueur, voilà ce qu'il vous faut. »

*

Cette scène, qui n'a pas duré une heure, témoigne de la puissance recouvrée d'un roi déconsidéré. Elle hantera ensuite les nuits des conjurés cherchant à assassiner un chef d'État. Elle prouve, du moins, la capacité d'un souverain s'appuyant sur la légitimité pour déjouer complots et intrigues.

La scène a également été reproduite. Estampes, gravures, planches colorées ont illustré nombre d'ouvrages ou de manuels scolaires, reprenant trait pour trait une composition de 1833. Au début de la Monarchie de Juillet, une commande passée au peintre Paul Delaroche par le fils du roi, le duc d'Orléans Ferdinand-Philippe, s'inscrit dans la parfaite continuité des créations historicisantes qui inondent le Salon de peinture. La présentation de ces toiles spectaculaires fascine un public avide de sensations fortes. L'artiste, déjà auteur d'une *Mort d'Élisabeth Ire* (aujourd'hui au Louvre), des *Dernières Heures du cardinal Mazarin* (Wallace Collection), des *Enfants d'Édouard* (aussi au Louvre) et du *Supplice de Jane Eyre* (National Gallery), jouit déjà d'une grande réputation pour son réalisme confondant. Appliquant les mêmes recettes, il fait tout à la fois montre d'une belle économie de moyens et d'une efficace scénographie.

Dans le tableau, l'ancien élève d'Antoine-Jean Gros applique les conseils de son maître : il ne représente pas l'assassinat proprement dit mais l'instant qui suit. Sur la partie gauche de la toile, entourant le roi qui vient de sortir du rideau dont il s'est drapé, les séides rendent compte de leur acte. L'un d'eux - le plus à droite du groupe - tend son épée en direction du duc de Guise, laissé pour mort. Ce dernier gît à l'opposé, seul, éclairé par un petit trait de lumière. Il est allongé sur le sol. Une partie du baldaquin lui sert d'oreiller de fortune car, en glissant - du moins c'est ce que l'on devine -, le condamné a eu le temps de s'accrocher au tissu, lequel s'est à peine décroché du dais.

Le succès remporté par le tableau est immédiat. Fac-similés et répliques accompagnent la réussite. Dès l'apparition de la photographie, la scène est reprise dans des reconstitutions en studio, déclinant le geste fatal en une théâtralité comprise de tous. Il faut dire que l'épisode connaît les honneurs du théâtre, dès le Premier Empire, dans *Les États de Blois* de François Raynouard en 1810, mais surtout dix-neuf ans plus tard avec la pièce d'Alexandre Dumas intitulée *Henri III et sa cour*. Le thème est à la mode, en parfaite concordance avec le style troubadour apparu depuis une vingtaine d'années.

Un film, surtout, fixe son décor et ses rebondissements dès les débuts du cinématographe : *L'Assassinat du duc de Guise*. Après deux tentatives en 1897 par les frères Lumière puis Ferdinand Zecca en 1902, ce premier chef-d'œuvre du muet sort dans les salles en 1908. Outre la spectaculaire mise en scène d'André Calmettes et Charles Le Bargy, le scénario d'Henri Lavedan évoque les fatales minutes. Il débute avec la marquise de Noirmoutier recevant le fameux billet qui prévient son amant d'un complot. Puis, très rapidement, on passe dans la salle où va se dérouler le drame... Rien ne manque.

La première du film, le 17 novembre, se tient rue Charras. C'est un triomphe, en partie grâce à la musique que le compositeur, Camille Saint-Saëns, à la tête d'un orchestre, exécute en personne. Les musiciens ont la chance de profiter d'un chef réputé, sûr de son art, qui croit en un film de dix-huit minutes parfaitement maîtrisé. La partition, ensuite éditée sous le nom d'*Opus 128 pour cordes, piano et harmonium*, ne quittera plus le répertoire.

C'est ce même soir que Charles Pathé, qui a pourtant tout connu en matière de création et aurait pu prendre ombrage de l'événement, déclare aux dirigeants de la société du Film d'art : « Ah, messieurs, vous êtes plus forts que nous ! » Les spectateurs présents à cette occasion savent-ils qu'au milieu de la distribution, entre Albert Lambert qui interprète le duc de Guise ou Gabrielle Robinne qui a prêté ses traits à la marquise de Noirmoutier, joue pour la première un comédien promis à une incroyable carrière : Albert Dieudonné ? Vingt ans plus tard, il incarnera le futur empereur dans le *Napoléon* d'Abel Gance...

Ce film fait figure de double témoignage. Non seulement le spectateur retrouve en une synthétique mise en scène chaque élément constitutif de l'événement, mais surtout il visionne l'un des premiers grands spectacles sur pellicule, dont l'expressionnisme des comédiens traversera les modes et les années. Le succès sera même international : après *Le Voyage dans la Lune* de Georges Méliès, il sera l'un des premiers moyens métrages français à connaître une telle reconnaissance.

Un extrait de ce film continue d'agrémenter la visite du château de Blois. Au milieu des autres salles, sa projection évoque l'épisode. Des publics souvent avides de faits d'armes ou de drames sanglants découvrent non seulement les lieux où s'est déroulé le crime mais aussi les multiples avatars de la scène. D'autres écrans, indispensables à toute médiation, proposent une sélection de gravures, planches illustrées et rappels cinématographiques qui figurent avec force détails les étapes de la tragique journée.

Quant à l'escalier, reconnu pour ses forces contraires parfaitement maîtrisées, il reste orné des symboles de François Ier dont la fameuse salamandre accompagnée de la locution latine « *Nutrisco et extinguo* » traduite ainsi : « Je me nourris du bon feu, j'éteins le mauvais. »

Pour cette prouesse architecturale à part entière, le palais est de toutes les animations culturelles. On le redécouvre baigné de couleurs lors des son-et-lumière qui rythment les soirées estivales de sa cour d'honneur. À chaque fois, la mort du duc de Guise reste assurément le clou du spectacle.

CHAPITRE 19

La Rochelle rend les armes face à Richelieu

Les quais de La Rochelle ont connu divers usages. Après avoir longtemps servi aux navires et aux mariniers, ils sont devenus des espaces « de promenade, de contemplation, d'activités et de passage ». À la fois rendez-vous culturels et sportifs, ils accueillent fêtes foraines, défilés, courses à pied et surtout concerts lors des fameuses Francofolies. Depuis la création du festival par Jean-Louis Foulquier en 1985, ce carrefour musical réunit 150 000 passionnés de rock et de chanson française.

À la saison basse se retrouvent aussi les nombreux passionnés d'histoire. Certaines associations prolongent les intérêts patrimoniaux, en particulier l'université du temps libre (UTL) qui permet, à l'exemple d'autres régions, de découvrir des trésors cachés.

À La Rochelle, les expériences ne manquent pas. En déambulant entre les deux principales tours qui encadrent l'entrée du port, il est parfois possible d'admirer le navire-étalon l'*Hermione*. Et en s'approchant de la Lanterne, on songe à Jean-François Bories, incarcéré ici : il avait été soupçonné (à tort) d'être l'un des initiateurs du complot carbonariste, mené par quatre sergents pendant la Restauration, afin de confisquer le pouvoir des autorités royales pour le rendre aux bonapartistes.

Passé les ruelles, on peut aussi atteindre les musées du Nouveau Monde et d'Histoire naturelle, qui regorgent de collections uniques des années 1700-1850. Difficile de ne pas se passionner pour la grande histoire née en ces lieux.

*

La plus grande tragédie se situe surtout au début du siècle précédent. Le 10 septembre 1627, alors qu'il cherche à réaffirmer la puissance royale, le cardinal de Richelieu installe un siège militaire qui va changer l'histoire de La Rochelle. Depuis son retour aux affaires, le principal ministre de Louis XIII concentre tous les pouvoirs. Son omniprésence au conseil du roi, depuis le 29 avril 1624, atteste de son importance. Pour faire oublier sa disgrâce passagère de 1617, l'ancien titulaire du siège épiscopal de Luçon vise trois objectifs : contraindre les grands du royaume à servir loyalement le fils d'Henri IV ; affirmer une politique des alliances au seul bénéfice de la France ; permettre à la religion catholique de ne plus se faire damer le pion par les protestants.

Afin de remplir cette dernière mission, nombre de forteresses sont abattues. Il convient de montrer que le roi peut, à tout moment, disposer des cités comme bon lui semble. Surtout de celles autrefois insoumises. Une autre stratégie, diplomatique celle-ci, se remarque. À l'engagement matrimonial de la sœur du monarque, Henriette de France, avec le roi Charles Ier d'Angleterre, s'ajoute d'autres engagements - commerciaux - avec la Hollande, deux territoires pourtant protestants. Cette apparente contradiction n'engage nullement Richelieu à se justifier, bien au contraire. Lui-même représentant du clergé, le cardinal sait que la raison d'État n'admet aucun écart, affirmant notamment : « Je n'ose rien entreprendre sans y avoir bien pensé ; mais quand une fois j'ai pris ma résolution, je vais à mon but, je renverse tout, je fauche tout, et ensuite je couvre tout de ma soutane rouge. »

L'épineux cas de La Rochelle sera vite résolu. Symbole fort de la résistance huguenote en France, disposant de prérogatives, le conseil municipal réunit ses assemblées au vu et au su de tous, sans en référer au roi. Déjà, un premier siège s'est tenu au moment des massacres de la Saint-Barthélemy, entre décembre 1572 et juillet 1573. Le duc d'Anjou s'était employé à mener combat mais, à chaque fois, les difficultés pour faire plier les habitants s'était heurté à une défense de fer. Depuis 1610, la ville reste donc l'un des principaux bastions de la contestation à l'autorité suprême.

La lutte armée a provisoirement repris en 1622. Cette fois, la paix de Montpellier, qui confirme l'édit de Nantes et renouvelle les dispositions à l'égard des huguenots, est contestée par Richelieu. Pour ne pas subir une nouvelle mise sous tutelle, la ville proclame - avec Montauban - son indépendance vis-à-vis du roi. Le duc de Buckingham, en dépit de l'alliance récemment affichée avec Louis XIII, décide d'apporter son concours aux troupes rebelles. Cela change tout : des effectifs sont envoyés pour s'emparer des îles de Ré et d'Oléron, récemment fortifiées par le cardinal, et pas moins de 106 navires ainsi que 8 000 hommes de troupe arrivent dans la région. La lutte menée par le gouverneur de l'île de Ré, Toiras, contre Benjamin de

Rohan, seigneur de Soubise, aboutit à la reprise en main des deux zones stratégiques.

Le roi ne peut rien faire. Tombé malade le 15 juillet à Beaulieu, sa fragilité l'a rattrapé. Ultime signe de sa jeunesse mouvementée ou derniers syndromes de son supposé manque d'autorité ? La reconquête qu'il appelle de ses vœux incombe finalement à Richelieu en personne. Le 10 septembre 1627, aidé dans sa tâche par deux autres ecclésiastiques - l'évêque de Maillezais et l'abbé de Marsillac –, soutenu par le duc d'Orléans et évidemment conseillé par son éminence grise, le fameux père Joseph, il décide de lancer les premières opérations militaires pour faire plier la ville.

Les moyens engagés par les régiments du roi sont considérables : cavaliers, fantassins, artilleurs (avec de nombreux canons) soutiennent, sur les terres, les quelques navires qui se placent devant les remparts maritimes de la ville. En ne cessant de tirer sur les points les plus vulnérables du dispositif, les canonniers ouvrent des brèches tandis que partout commencent à se dresser des herses et des contre-fortifications qui empêcheront les éventuelles fuites vers l'extérieur. Une tranchée longue de 12 kilomètres ceinture les faubourgs.

L'attaque est lancée dans la nuit du 7 au 8 octobre. Richelieu et le père Joseph décident de n'utiliser que trente-cinq modestes barques à voile : face à l'immobilité et à la lourdeur des immenses vaisseaux anglais, l'action de ces chaloupes est couronnée de succès. Une nouvelle fois, David a triomphé de Goliath.

Les 6 000 hommes postés devant la cité, placés sous la direction du maréchal Schomberg et de Bassompierre, repoussent ensuite le duc de Buckingham, laissant 2 000 morts sur leur passage, en particulier sur l'île d'Oie où les combats les plus violents ont fait rage. La toute-puissance d'Albion est foudroyée ; ses forces, neutralisées.

Le siège dure treize mois. Isolés, les Rochelais n'abandonnent pas. Malgré de faibles ravitaillements par la mer, ils tiennent bon. En avril 1628, la famine commence à se faire ressentir. Les quelques tentatives anglaises en mai, puis surtout en septembre, n'y peuvent rien : le roi de France sera bientôt maître de la ville. Selon un témoin oculaire, « les canons de Chef de Baie et ceux de la Pointe de Coureilles étonnèrent et étrillèrent tellement les Anglais qu'ils furent contraints [...] de mettre les voiles et de se retirer à la rade, à leur honte et confusion, laissant les Rochelais dans le désespoir et dans des extrémités non pareilles ». Les navires les plus importants doivent aussi se rendre ou, à défaut, sont coulés.

Dans les rues, les scènes de désolation se multiplient. On voit des enfants et des femmes amaigris, livides, se traîner au sol. Rares sont ceux qui ont encore la force d'implorer le ciel. Plus aucun animal n'erre, chats et rats ayant été sacrifiés et jetés en pâture pour nourrir les estomacs vides.

Tout cela a été dirigé par un cardinal. Souvent placé au milieu de la grande digue de 1 500 mètres et haute de 20 mètres, l'homme d'Église a été à la manœuvre. Sa calotte rouge a servi de point de ralliement aux soldats, plusieurs kilomètres à la ronde.

Pour les Rochelais, point de salut. À la fin du mois d'octobre 1628, le maire, Jean Guiton, doit capituler. Le 30, il dépose les armes avec une centaine de combattants, tandis que Richelieu défile dans les rues. Les vaincus sont faits prisonniers au moment où le vainqueur porte les clés de la ville à son roi, enfin rétabli.

Le bilan est terrible : des 28 000 habitants recensés au début du siège, il ne reste plus que 5 000 survivants. La faim, les tempêtes, les combats et les fièvres pourprées ont eu raison des plus valeureux défenseurs. En signe de soumission, les remparts ayant permis de fortement résister sont abattus. Nul doute : ce siège aura bien été « la Vendée du protestantisme ».

De retour à Paris, d'importantes cérémonies sont organisées, qui se répètent à travers tout le royaume. Dans son triomphe, le principal ministre s'affiche avec ostentation. Au même moment, Alès et tout le Languedoc s'apprêtent à se soumettre. La victoire est totale.

*

À La Rochelle, on l'imagine, on met du temps pour oublier. La ville panse ses plaies et les humiliations ordonnées par le pouvoir royal se poursuivent. Vingt ans après, en 1648, le transfert du siège de l'évêché de Maillezais à La Rochelle est décidé, en une réaffirmation du pouvoir de l'Église catholique dominante. Puis, en 1742, cette fois sous le règne de Louis XV, la construction d'une cathédrale néoclassique est ordonnée. Non pas une simple église qu'on aurait aménagée en toute hâte, mais un vaisseau de pierre, situé en haut de la ville. À la manœuvre : le premier architecte du roi en personne, le réputé Jacques Gabriel, principal ordonnateur des travaux d'embellissement de la France des Bourbons, de Paris à Bordeaux, de Compiègne à Dijon ou de Rennes à Saint-Denis. C'est ce qui s'appelle boire le calice jusqu'à lie...

Si le siège demeure dans les mémoires avec tant de force, il le doit aussi à un tableau, depuis passé à la postérité. La toile est exécutée en 1881 par l'un des élèves de l'hyperréaliste Gérôme, lui-même spécialiste des scènes historiques, Henri-Paul Motte. La scène, reproduite à l'envi dans tous les manuels scolaires, est restée fameuse. On y découvre, de profil, Richelieu, enveloppé dans sa grande cape, la pourpre cardinalice rehaussant l'armure reluisante qui reflète l'écume des vagues se brisant sur la jetée. Le contraste est saisissant : l'homme d'Église, dont la vocation doit être d'accueillir les brebis égarées, a revêtu l'habit guerrier. Stoïque, presque inflexible, il contemple l'action de ses armées. La composition, magistrale, acquise par la commune en 1888, accueille alors les visiteurs de l'Hôtel de Ville.

Pour laver l'affront de cette toile accrochée, une statue de Jean Guitton est commandée en 1911 par les habitants d'une cité américaine pour être érigée sur la place située juste en face du portail principal de cette mairie. Le nom de la cité bienfaitrice ? New Rochelle, dans le comté de Westchester, banlieue nord de New York. Provocation ou simple rééquilibrage des forces ?

Le tableau de Motte connaît ensuite de multiples affectations. Installé au musée d'Orbigny Bernon, rue Saint-Côme, il rejoint en 2012 les collections du musée des Beaux-Arts de la ville et est exposé dans les salons de la mairie de La Rochelle.

Une visite s'impose. Si l'on s'approche en effet de l'œuvre et qu'on cherche à en découvrir les détails, plusieurs éléments ne manquent pas de surprendre. D'abord, sur le sol, un boulet s'est encastré entre deux planches. Haies et pics en bois dressés face à l'océan laissent entrevoir les quelques chaloupes lancées en direction des navires britanniques. Ces derniers, censés protéger la rade et lourds à manœuvrer, sont des proies faciles. Ce contraste entre les immenses galions et les frêles esquifs est saisissant.

Ce qui étonne aussi, au-delà de l'inflexibilité de Richelieu situé au premier plan ou l'ombre du château de Marillac au loin, ce sont les quatre hommes placés à gauche. La mise en scène est habile : devant ces deux bénédictins, dont l'un s'est vu confier le chapeau rouge du cardinal, un officier casqué a pris place et explique la manœuvre.

Au centre se trouve surtout le père Joseph. Accoudé à l'un des contreforts, il scrute l'horizon sans émotion. Sa main droite, qui cache sa barbe, laisse imaginer qu'il étudie avec grand intérêt les évolutions du combat, tout en se faisant commenter, par le soldat, l'assaut dont il a lui-même soufflé l'idée à son supérieur. La détermination et le calme de celui qu'on considère comme l'homme de l'ombre sont résumés en ce tableau.

En apparaissant en pleine lumière, sûr de sa science et fort de la confiance accordée par Richelieu, c'est finalement lui le grand vainqueur du siège. Après cet événement, l'absolutisme royal des Bourbons ne sera plus contesté en France, pendant un siècle et demi.

CHAPITRE 20

Louis XIV épouse Marie-Thérèse à Saint-Jean-de-Luz

Le Sud-Ouest allie plusieurs traditions, entre langue d'Oc, gastronomie, fêtes et rugby. Au gré des invasions barbares et des luttes religieuses, son riche patrimoine est le produit d'influences océaniques, montagneuses et hispanisantes. La proximité géographique avec le voisin ibérique se retrouve notamment à travers les modes vestimentaires, les façades des maisons et les spécialités culinaires.

*

À partir de la fin du Moyen Âge, une tout autre confrontation se met en place, que le jeu des alliances monarchiques rend encore plus prégnant d'un côté comme de l'autre des Pyrénées. Envisageant l'accomplissement des frontières naturelles, la politique des Valois puis des Bourbons cherche à favoriser, après plusieurs décennies de luttes ininterrompues, une alliance avec le voisin espagnol. Près d'un siècle avant le pacte de Famille de 1751, une glorieuse union aux confins des deux royaumes se fait le 6 juin 1660 : le jeune Louis XIV, alors âgé de 21 ans, s'apprête à prendre pour épouse Marie-Thérèse.

Pour la première fois, la promise est plus jeune que le fiancé de seulement... cinq jours. Le fils de Louis XIII, baptisé Dieudonné pour rappeler le caractère inespéré de sa venue au monde, a succédé à son père, le 14 mai 1643, à l'âge de 4 ans. Après l'interminable régence exercée par Anne d'Autriche avec le cardinal Mazarin, il souhaite se défaire des influences familiales, la Fronde ayant finalement, par réaction, servi ses intérêts.

À ces circonstances s'ajoute un contexte militaire très intense. Depuis 1635 et l'intervention de Richelieu sur les territoires bataves, la France est encore en guerre contre l'Espagne. La bataille de Rocroi, dirigée le 19 mai 1643 par le futur Grand Condé, a confirmé la suprématie des armées franco-hollandaises sur les tercios hispaniques. Le siège d'Arras puis la bataille des Dunes conduite par Turenne ont permis de s'emparer d'une grande partie des territoires septentrionaux. L'arrivée de troupes britanniques a attisé la situation, Dunkerque devenant, le 25 juin 1658, successivement espagnole, française puis anglaise au cours de la même journée.

Une paix est donc conclue par Mazarin le 7 novembre 1659 avec Philippe IV de Habsbourg. À la clé, l'entente doit être consacrée par le mariage du jeune Louis avec la fille du monarque espagnol - appelé « Roi-Planète » depuis qu'il règne non seulement sur son pays mais aussi sur les Indes, les Deux-Siciles, le Portugal et les Pays-Bas.

La cérémonie, entre Hendaye et Fontarabie, donc au pied des Pyrénées, est une apothéose. Depuis trois mois, Mazarin et Mendez de Haro sont en pourparlers actifs. Vingt-quatre entrevues ont été nécessaires pour en régler les détails. La paix a abouti à un traité équitable entre deux puissances. Ainsi s'achève une querelle vieille de plus de soixante ans.

C'est sur la Bidassoa que l'union est célébrée. Le lieu n'est pas anodin. À mi-chemin entre Madrid et Paris, l'île des Faisans (appelée aussi de l'Hospital) a déjà été le théâtre d'autres instants solennels. Mais cette fois, comme pour le camp du Drap d'or entre François Ier et Henri VIII, le site a été équitablement partagé sur toute sa longueur, laissant le champ libre aux diplomates autant qu'aux courtisans qui se pressent pour assister à l'historique hyménée.

Déjà, sur l'embouchure du fleuve, en 1463, Louis XI a négocié avec Henri IV de Castille la prise de la province basque du Labourd tandis que le Guipuzcoa était séparé de la Navarre. C'est là également que, par un ballet de barques aux mouvements savamment contrôlés, François Ier, prisonnier depuis Pavie et à la merci de son rival de toujours, Charles Quint, a été échangé contre ses deux fils, le dauphin François et le futur Henri II. Quatre années plus tard, la scène s'est reproduite en sens inverse, suite à la paix de Cambrai : le retour des deux enfants de France a précédé le passage d'Éléonore de Habsbourg, promise au roi. Et en 1615, la double union de Louis XIII avec Anne d'Autriche et de l'infant Philippe avec Élisabeth de France s'est ordonné au même endroit.

C'est donc bien d'alliance - dans tous les sens du terme - qu'il s'agit. Après la signature des accords l'année précédente, le futur Roi-Soleil entend profiter de l'absence de la reine-mère pour s'affirmer.

En ce mois de juin 1660, l'émotion est grande. L'église Saint-Jean-de-Luz accueille la grande cérémonie religieuse. Non encore entièrement rénovée, la nef est tendue de velours cachant les réfections entreprises.

Comme les invités, trop nombreux, ne peuvent tous tenir dans l'édifice, un tableau sera plus tard commandé par le régent Philippe d'Orléans au peintre Jacques Laumosnier : l'image idéale de l'union franco-espagnole est ainsi diffusée au plus grand nombre. L'idée sous-jacente saute aux yeux : sans doute cherche-t-on, par ce tableau, à rappeler les éventuels droits que pourrait faire valoir le jeune héritier du Roi-Soleil sur une couronne alors acquise par Philippe V, lequel n'est autre qu'un souverain Bourbon...

Contemplons le résultat. D'abord, l'artiste reprend exactement les cartons des Gobelins ayant fixé l'échange des consentements. À gauche, la mariée s'avance vers son époux, la main tendue, le roi accomplissant le même geste. Symétriquement ordonnancée, la scène s'articule autour de l'évêque de Bayonne, placé au centre de la toile, qui procède aux prières d'usage. Derrière lui, un maître-autel dévoile, entre six chandeliers et un crucifix doré, une descente de croix peinte.

De chaque côté ont pris place les membres les plus proches de la famille puis l'entourage curial. Au milieu de deux rangées d'officiers et de prêtres, chaque personnalité se tourne alors pour présenter son meilleur profil. Juste à droite de Louis XIV se remarque le cardinal Mazarin surveillant l'instant solennel. Et en haut à gauche, dans la tribune, les musiciens s'affairent, la tribune accueillant une chorale qu'accompagnent des joueurs de viole de gambe.

La composition est limpide, marquante au plus haut point. Le bleu royal orné de fleurs de lys domine vêtements et tentures. Pour bien saisir le passage de l'ancienne princesse dans son nouveau rôle, la jeune reine affiche ses nouvelles couleurs : elle est désormais française.

La politique n'étant jamais très loin, l'instant solennel annonce surtout l'épisode qui suit : celui de la prise de pouvoir par Louis XIV. Dès la mort de Mazarin, le 9 mars 1661 à Vincennes, Louis XIV annoncera à ses ministres que désormais il exerce seul ses responsabilités, sans avoir recours à un quelconque représentant de ses intérêts.

Après son départ de Saint-Jean-de-Luz, les ouvriers ont remis en ordre les abords de l'île. Le site n'est pas abandonné, bien au contraire. Pendant tout le règne louis-quatorzien, des cérémonies commémoratives se tiennent chaque année. En revanche, quelques jours après la mort du vieux roi le 1er septembre 1715, les habitants craignent d'être oubliés. Mais le pouvoir central les rassure : en 1722, tandis que Louis XV, devenu majeur, s'apprête à exercer le pouvoir, l'infante Marie-Anne-Victoire passe la frontière. Au même instant, la fille du Régent fait le chemin inverse pour s'unir au fils de Philippe V, nouveau Bourbon qui règne depuis vingt ans en Espagne. L'année suivante, l'infant Charles âgé de 7 ans reçoit la jeune Philippine-Élisabeth d'Orléans d'un an son aînée. Puis, le 13 janvier 1745, la dauphine Marie-Thérèse d'Espagne est présentée à son nouvel époux français sous le toit d'une maison élevée pour la circonstance.

Le même procédé, on le sait, a été utilisé pour Marie-Thérèse avant son mariage avec Louis XIV. Sur l'île, trois petits salons avaient été aménagés pour permettre à la future mariée de « devenir » française : après le premier, où elle avait été entièrement dévêtue et débarrassée de ses effets espagnols, ses dames de compagnie l'avaient habillée dans le deuxième, avant la solennelle réception prévue dans le troisième. C'est là que le jeune souverain l'attendait pour l'emmener prononcer leurs vœux.

Cette année 1660 a donc marqué un tournant dans l'histoire. Pour éterniser l'événement franco-espagnol, une commande a même été passée par Mazarin à Corneille d'une œuvre de circonstance. *La Conquête de la Toison d'or* diffuse au théâtre, sur toutes les scènes de France et de Navarre, la grandiose journée. À l'automne, le marquis de Soudéac accueille au Neubourg les premières représentations, « par échantillons ».

En écho inversé à *Médée*, les vers résonnent avec acuité :

Ah ! Victoire, pour fils n'ai-je que des soldats ?
La gloire qui les couvre, à moi-même funeste,
Sous mes plus beaux succès fait trembler tout le reste ;
Ils ne vont au combat que pour me protéger,
Et n'en sortent vainqueurs que pour me ravager.
[...]
Leur retour me punit de mon trop de bonheur
Et mes bras triomphants me déchirent le cœur.
À vaincre tant de fois mes forces s'affaiblissent :
L'État est florissant, mais les peuples gémissent.

Survient alors l'Hyménée qui présente au palais le portrait de la nouvelle reine. Désormais, « la future France, pacifique, heureuse [...] va renaître de ses ruines grâce à la paix des Pyrénées ». L'union conclue au milieu des flots offre ainsi le premier symbole du règne flamboyant de Louis XIV – l'un des plus grands, pas seulement par sa durée.

Ces mariages et échanges constituent l'une des fiertés de la région. Plus largement, l'entente franco-espagnole s'appuie sur ces événements pour une paix durable.

*

À partir du Second Empire, le site du mariage royal, appelé l'île des Faisans, devient également un domaine partagé : c'est l'un des rares condominiums dont la gouvernance soit partagée par la France avec l'un de ses voisins. La signature du 2 décembre 1856 prévoit ainsi qu'à compter du 1er janvier suivant, puis chaque année, cette petite bande de terre passe alternativement sous contrôle de l'un, puis de l'autre gouvernement. Chaque chef d'État délègue alors à une personnalité qualifiée le titre de « vice-roi ».

Entre 1891 et 1898, cette fonction est même exercée par l'écrivain Pierre Loti. En pleine période républicaine, si fortement marquée par les idées de souveraineté antimonarchique, cela ne manque pas de sel...

Mieux, le 27 mars 1901, afin de régler la gestion de ce petit territoire, une convention régit les règles attribuées. Pour éviter les éventuels litiges relevant du domaine juridique, on prévoit que

> les Français et les Espagnols, pour les infractions commises par eux dans l'île des Faisans, sont justiciables de leurs tribunaux nationaux respectifs. Les délinquants d'une autre nationalité sont justiciables des tribunaux du pays qui avait le droit de police dans l'île de la Conférence, lors de l'infraction. Toutefois, s'ils sont impliqués dans une affaire conjointement avec des Français ou des Espagnols, ils seront justiciables des mêmes tribunaux que ceux-ci.

Autre particularité : depuis la signature de ce texte,

> les autorités de chacun des deux pays se remett[e]nt respectivement, sans formalité, avec les procès-verbaux qui auraient été dressés, les délinquants qui seraient en leur pouvoir et qui seraient, par application des articles 2 et 3, justiciables des tribunaux de l'autre pays. Chacun des gouvernements intéressés [prend], en ce qui le concerne, les mesures nécessaires en vue de déterminer les autorités judiciaires respectivement compétentes pour la poursuite et le jugement des infractions qui sont l'objet de la présente convention.

En 2012, une cérémonie plus solennelle a marqué l'alternance de « gouvernance » entre les deux pays. Sur cette « île de la conférence », des accords européens ont aussi été conclus et, symboliquement, a été confirmée la fin de la lutte armée menée par les groupes autonomistes basques.

Les potentielles tensions ne sont plus aujourd'hui qu'un lointain souvenir. Et même si le titre de « vice-roi » peut sembler une incongruité, il rappelle que le président de la République française porte aussi le titre de coprince d'Andorre. Les rayons du Soleil ne sont pas oubliés...

CHAPITRE 21

La prise de Lille par Vauban

Depuis 1985, sur proposition conjointe de l'ancienne comédienne grecque devenue ministre, Melina Mercouri, et de son homologue Jack Lang, l'Union européenne désigne chaque année sa « capitale de la culture ». Pour la France, quatre villes ont déjà été élues.

Après Paris, Avignon, et plus récemment Marseille, c'est Lille qui en 2004 a été choisie. La programmation affichait plus de 2 500 manifestations. Même si la part belle était faite aux expositions d'art contemporain, 9 millions de visiteurs cumulés ont découvert son histoire à travers ses musées dont deux d'entre eux évoquent plus particulièrement le passé de la capitale du Nord. Au musée des Beaux-Arts, où la récente restauration permet au public de mieux apprécier certains des chefs-d'œuvre des collections nationales, une imposante statue en pied représentant Napoléon en habit de sacre trône dans la grande rotonde. Coulée par l'artiste Henri Lemaire à partir des balanciers de la Chambre de commerce, avec le bronze des canons pris à Austerlitz, elle date du Second Empire. Inaugurée le 3 décembre 1854 pour l'ouverture de la Vieille Bourse de la ville, elle est ornée de deux phylactères gravés des décrets impériaux concernant « le développement de la culture de la betterave sucrière et de la filature mécanique du lin ».

Dans le musée des Canonniers, située dans la rue éponyme, on retrouve 1 500 armes à feu, dont des fusils et des canons de type Gribeauval ayant été employés pour la défense de la ville par le bataillon des canonniers sédentaires. L'ancien couvent des Urbanistes accueille aussi les souvenirs du plus ancien corps d'artillerie d'Europe, créé en 1483 sous le nom de Confrérie de Sainte-Barbe et ayant gagné ses lettres de noblesse au moment de la lutte contre les Autrichiens. C'était notamment le cas au cours du siège de 1792.

*

Un siècle auparavant, en mars 1667, la guerre dite de Dévolution bat son plein. Depuis que Louis XIV a décidé de gouverner par lui-même, cet affrontement doit montrer au monde la puissance nouvelle. La mort du roi d'Espagne Philippe IV est une parfaite occasion de rappeler les droits du Roi-Soleil sur les Pays-Bas espagnols ainsi que sur la Franche-Comté. Il n'a pas seulement épousé Marie-Thérèse pour qu'elle perpétue sa dynastie. Quelque 55 000 soldats partent donc à l'assaut du riche territoire, dont les comptoirs doivent offrir un extraordinaire débouché aux produits français. Mais la résistance s'organise : les villes tenues par les Habsbourg ont renforcé leurs défenses, bien décidées à résister à l'ambitieux souverain.

Rien ne se passe comme prévu. Les artilleurs ont beau tenter de briser les défenses adverses, les résultats se font attendre. Aussi fait-on appel à celui qui fait des miracles depuis plusieurs années : Vauban.

L'ingénieur, alors âgé de 34 ans, jouit d'une réputation flatteuse. L'ancien protégé de Mazarin et de Turenne, depuis Sainte-Menehould en 1653 et Valenciennes trois ans plus tard, a tout réussi.

Vauban, né Sébastien Le Prestre près de Gravelines au cours de l'été 1658, a multiplié les exploits. Au cours de l'année 1667, le nombre des cités conquises s'allonge : Armentières, Charleroi et Tournai précèdent Douai et Cambrai.

À Lille, du côté des défenseurs espagnols, on craint son arrivée. Personne d'ailleurs ne se berce d'illusion. Pourtant fort de 20 000 miliciens et 5 000 soldats, le gouverneur Spinola, comte de Bruay, fait raser une partie des faubourgs et se retranche derrière les remparts où se réfugient hommes, femmes et enfants des environs. Tandis que les Français s'installent à quelques centaines de mètres dès le 8 août, chacun attend l'instant décisif. Il vient rapidement : après avoir opté pour un siège en bonne et due forme, Vauban fait immédiatement installer des lignes de circonvallation et contrevallations entre les 10 et 17 août, s'apprêtant à lancer l'assaut sans laisser la possibilité à d'autres mercenaires de venir prêter main-forte aux Lillois.

Sous le regard de Louis XIV et de Louvois, placés à la tête de 35 000 fantassins, le futur maréchal fait creuser ensuite une vaste tranchée. La première brèche est ouverte. Le roi s'avance en personne au milieu du dispositif. Défiant les éléments, celui-ci montre l'exemple à ses troupes, rappelant l'infinie confiance qu'il accorde aux travaux de son ingénieur.

C'est en deux temps que l'on procède. Après la prise des demi-lunes de la porte de Fives, l'attaque décisive est décidée dans la nuit du 26 au 27. Comme le rapporte Maurice Thiery dans son étude sur le siège, malgré « quatorze bastions, un double fossé, une garnison de 6 000 hommes et 50 000 habitants aguerris », en quelques heures à peine les brèches se multiplient. À la fin de la journée, les assiégés capitulent. La reddition, signée dès le 28, est vécue comme une humiliation.

L'année suivante, Lille ainsi soumise devient officiellement française par le traité d'Aix-la-Chapelle. Le roi notera plus tard dans ses Mémoires : « Jamais le siège d'une place de cette étendue, de cette force et de cette importance, munie abondamment d'hommes, de vivres et d'armes, n'avait été mené si brusquement... »

Pour services rendus, Vauban se voit accorder une rente de 2 400 livres, avant d'être nommé à la lieutenance aux gardes. La fameuse maxime ayant fait florès se confirme : « Ville assiégée par Vauban, ville prise. Ville défendue par Vauban, ville imprenable. »

Aussi le roi demande-t-il que Lille soit désormais protégée et la mission confiée au récent vainqueur, avec pour le seconder un directeur général des fortifications, le chevalier de Clerville. Les travaux étant achevés après plusieurs mois, il poursuit sa tâche à Arras et dans les autres places du nord dont Dunkerque.

Une lettre de Louvois, le 17 novembre 1668, lui intime l'ordre de poursuivre son inspection générale :

> Je voudrais qu'à votre premier jour de loisir, vous allassiez faire une course à Lille, que vous allassiez faire un tour dans les places du Hainaut et que vous vinssiez à Paris en poste (ce dont le roi vous dédommagerait), à Pignerol et

à Perpignan, par la même voie, afin qu'étant de retour ici au 1er janvier, vous puissiez retourner en Flandre.

Nommé gouverneur de la ville, cette promotion sert Vauban pour les autres sites à renforcer, notamment à la citadelle d'Ath aux plans quasi semblables. Afin de marquer la satisfaction de tous, le roi lui décerne en 1667 l'un des sept premiers grands cordons de l'ordre de Saint-Louis.

Cependant, son franc-parler irrite. Dans une réponse à Louvois, le 23 novembre 1668, il ne craint pas d'avertir qu'il

> préfère la vérité, quoique mal polie, à une lâche complaisance qui ne serait bonne qu'à vous tromper, si vous en étiez capable, et à me déshonorer. Je suis sur les lieux ; je vois les choses avec appréciation, et c'est mon métier que de les connaître ; je sais mon devoir, aux règles duquel je m'attache inviolablement, mais encore plus que j'ai l'honneur d'être votre créature, que je vous dois tout ce que je suis, et que je n'espère que par vous [...] Trouvez donc bon, s'il vous plaît, qu'avec le respect que je vous dois, je vous dise librement mes sentiments dans cette matière. Vous savez mieux que moi qu'il n'y a que les gens qui en usent de la sorte qui soient capables de servir un maître comme il faut.

Cette liberté de ton lui vaut d'alterner honneurs et disgrâces. Son *Projet de Dîme royale*, où il défend les plus pauvres et ose publier des exemplaires sans autorisation préalable, n'empêche nullement le roi de lui confirmer sa confiance. D'autant que ses innovations techniques sont nombreuses, variées et toujours frappées du bon sens : emploi de surélévations dites « cavaliers de tranchées » (pendant le siège du Luxembourg en 1684), tir à ricochet (quatre ans plus tard), multiplication de relevés et création de plans-reliefs pour mieux préparer le renforcement des zones conquises...

L'attachement de Lille à Vauban reste sincère, et il est réciproque. Le 2 octobre 1705, le marquis écrit au maire, M. de Saint-Marcq : « J'aime la ville de Lille et je voudrais pouvoir lui procurer tous les biens qui pourraient dépendre de moi sans même en prétendre le moindre remerciement. »

*

Trois siècles plus tard, son souvenir reste prégnant. Tout un quartier porte son nom à l'ouest de la ville, englobant l'ancienne commune d'Esquermes. Une porte monumentale donne sur la citadelle, elle-même baptisée du nom du maréchal. À l'intérieur, on trouve notamment un zoo, un campus et un jardin, qui constituent les principales curiosités du site. En été, le public est nombreux, les espaces verts constituant l'un des poumons de la cité du Nord.

À l'est de Lille également, un autre hommage, plus solennel encore, a été rendu au Roi-Soleil. La porte de Paris, sorte d'arc de triomphe, reprend l'emplacement de l'ancienne porte des Malades qui formait l'une des entrées des remparts. Pour marquer le souvenir de la prise de 1667, l'ingénieur Simon Vollant - qui, depuis, a donné son nom à la place elle-même - s'était vu confier la réalisation de cette colossale création qui nécessita sept années de travaux, entre 1685 et 1692. Deux siècles après, malgré la destruction des remparts sous le Second Empire, elle a été conservée. Depuis 1858, elle forme l'une des principales fiertés architecturales et urbanistiques des habitants, qui admirent son programme iconographique.

On remarque notamment - allusion évidente à la puissance royale - une série de statues de grandes dimensions dont *Hercule* et *Mars*, surmontés de deux renommées et, surmontant les armoiries de la ville et l'écusson, une *Victoire* tenant de sa main droite une couronne de laurier. Face au beffroi de l'Hôtel de Ville, l'arc au décor guerrier est pourtant devenu, depuis sa restauration à la fin du XIXe siècle, l'un des lieux les plus festifs de Lille. En 2004, dans le cadre de la capitale européenne de la culture, plusieurs animations se sont déroulées et, en 2018, pour marquer les 350 ans de la fondation de la ville, les vingt-quatre grenades en fonte rappelant les bombes incendiaires de Vauban ont été repeintes.

Le village de Bazoches n'a pas non plus oublié le maréchal de Louis XIV. Surplombant la petite cité du Morvan aux ruelles charmantes, l'ancienne maison fort du XIIe siècle a été réaménagée au fil du temps. Elle préserve pieusement les collections du marquis dans ses salles historiques. L'église Saint-Hilaire du charmant village de la Nièvre abrite le tombeau familial et a longtemps accueilli sa dépouille.

En 1808, sur décision de Napoléon, il a pourtant été décidé de transférer le cœur du grand homme pour l'installer dans l'église du Dôme, aux Invalides. Vauban, retrouvant ses anciens compagnons d'armes et entouré de plusieurs générations d'anciens soldats, est de nouveau chez lui. Là se trouvent déjà le caveau des gouverneurs et a servi de théâtre aux grandes cérémonies, non seulement sous l'Ancien Régime mais aussi sous le Consulat comme cela avait été le cas à la mort de Washington – en 1800 un hommage a été rendu par Bonaparte au héros américain.

Un sobre cénotaphe de marbre, érigé en 1847 par le sculpteur Antoine Étex, représente Vauban désormais allongé, accoudé sur plusieurs livres, un compas à la main. Devant ses étendards et surmontant un bloc monolithe noir, il est veillé par deux allégories rappelant son œuvre civile et militaire, le dessin même du monument reprenant celui du tombeau de Turenne qui lui fait face sous la coupole de l'édifice.

Enfin, la grande place de Paris qui ouvre sur la cour du Dôme porte son nom depuis 1780. En demi-cercle, elle est placée au carrefour de trois avenues rappelant le souvenir de grands serviteurs de l'armée, Ségur, Breteuil et Villars.

Chose plus étonnante encore, le nom de Vauban n'a jamais disparu, en dépit des modes et surtout de l'épisode révolutionnaire qui aurait pu lui valoir une forme d'ostracisme.

N'est-ce pas là, finalement, le plus fort témoignage des Français pour un ingénieur élevé au rang de maréchal, qui n'avait jamais oublié le sort du peuple ? À travers son projet de dîme royale, le marquis avait été le premier à souhaiter une « protection sociale » pour les plus modestes.

CHAPITRE 22

La miraculeuse guérison de Louis XV à Metz

Parmi les gares étonnantes de France, celle de Metz fait figure de pionnière. Elle reste, aujourd'hui encore, l'une de celles produisant la plus forte impression. Avant même de visiter le Centre Pompidou (antenne de celui de Paris), qui se trouve à quelques centaines de mètres depuis son inauguration en 2010, on reste sans voix devant le style architectural et la monumentalité de l'ensemble, couronné d'une haute tour flanquant un large fronton triangulaire.

La date de création explique évidemment l'aspect de la façade. En 1908, l'occupation allemande - conséquence directe de la guerre de 1870 et du traité de Francfort signé le 10 mai 1871 - doit se remarquer dans les bâtiments construits. De façon ostentatoire, les autorités imposent à la direction générale impériale des chemins de fer d'Alsace-Lorraine une série de références wilhelmiennes : s'affichent ainsi du premier coup d'œil une force et une unité de construction des plus frappantes, la particularité étant aussi de réunir trois axes ferroviaires en un seul autour d'un bâtiment unique.

De nos jours, malgré les douloureux souvenirs attachés à la période du *Reichsland Elsaß-Lothringen*, la création de Jürgen Kröger, avec ses vitraux et ses chapiteaux ornés, demeure l'une des fiertés des Messins. Mieux, près de soixante-dix ans après son inauguration, elle a été inscrite aux Monuments historiques.

Lorsqu'on découvre pour la première fois le hall de départ, le salon d'honneur et le buffet, qui constituent quelques-uns des éléments les plus remarquables, on comprend qu'à l'époque près de 29 millions de marks-or aient été nécessaires, preuve de l'importance symbolique de Metz dans l'esprit de l'occupant. Juste après la chute de Napoléon III en septembre 1870 et à la suite du siège subi par le maréchal Bazaine achevé le 27 octobre suivant, la ville est transformée. Elle dispose déjà d'un maillage routier et ferroviaire de qualité. À la différence de Nancy, davantage tournée vers la Franche-Comté ou la Bourgogne, Metz est une place forte importante, position que la guerre de Trente Ans n'a fait que renforcer. Sa proximité avec les terres germaniques et luxembourgeoises lui vaut également d'être une zone d'influence.

*

Un siècle et demi avant la création de la gare, un événement attire déjà les regards. L'opinion publique se passionne pour une cité devenue pendant quelques mois le centre de toutes les attentions.

À l'été 1744, la guerre de succession d'Autriche met aux prises l'ensemble des États européens depuis quatre ans. Les armées de Louis XV, après avoir été repoussées à Prague, s'apprêtent à faire leur entrée dans Metz. Elle se sont d'abord repliées en Flandre et ont remporté de décisives victoires, notamment à Courtrai, Ypres et Dixmude.

Mais le roi, pour célébrer ses succès, décide de se rendre au-devant de l'armée d'Alsace.

Ce qu'il croit une courte halte doit lui permettre de reposer ses troupes avant de gagner Lunéville puis Saint-Dié. Il visite aussi des terres qui lui sont promises : ayant épousé Marie Leszczyńska depuis près de vingt ans, il sait qu'après la mort de son beau-père, Stanislas, ce riche duché lui reviendra.

Mais se rappelle-t-il tout ce qu'il a fallu endurer pour en arriver là ? Dès sa naissance le 15 février 1710, les événements ont été complexes. Après la mort tragique des nombreux héritiers présomptifs qui le précédaient dans la liste des héritiers au trône, c'est à lui qu'est revenu l'honneur de succéder à Louis XIV. Le 1er septembre 1715, proclamé à Versailles, il a d'abord été conduit à Paris puis à Vincennes, tandis que la régence était exercée par Philippe d'Orléans. Enfin, parvenu aux affaires à sa majorité en 1723, le jeune roi a ensuite dû s'imposer, en particulier au milieu des autres cours européennes et même au sein de sa propre famille.

Orphelin dès l'âge de 2 ans, comprenant que sa dynastie ne reposait que sur lui, il a d'abord été fiancé à sa cousine, l'infante d'Espagne, avant de convoler en justes noces avec la fille de l'ancien roi de Pologne devenu duc de Lorraine.

C'est donc à la fois en successeur et en protecteur qu'il fait son entrée dans la ville. Le 4 août 1744, les acclamations de la population l'accompagnent. À cheval, il passe sous de grands arcs de triomphe érigés comme sous le règne de Charles IX, Henri IV ou Louis XIII. En fin de matinée, son arrivée au centre de la cité est scandée par les coups de canon des artilleurs et il entend battre à la volée les cloches de toutes les églises, que domine le gros bourdon appelé « la Mutte ».

Seize bataillons des milices bourgeoises, dirigées par le maréchal-duc de Belle-Isle, gouverneur des trois évêchés, sont sur le pied de guerre. Chaque régiment présente avec dignité douze drapeaux réalisés pour l'occasion, tandis que 400 cadets en uniforme, rangés selon leurs grades respectifs, ont pris place dans les rues environnantes.

De nombreuses cérémonies sont prévues. Pour marquer la présence du souverain, à l'hôtel de ville, le maître échevin Pierre Simon présente les clés et accompagne l'offrande de quelques mots : « Sire, rien de plus glorieux et de plus heureux pour nous et pour cette province que l'arrivée de votre Majesté. » Puis, après la place du Pont des Morts, Louis XV est reçu à la cathédrale, où un *Te Deum* lui est interprété tandis que l'évêque, Claude de Rouvroy de Saint-Simon, lui rend hommage devant une assemblée recueillie et émue.

Le soir, des feux d'artifice sont tirés. Mais ce n'est rien en regard des jours qui suivent. Réceptions au palais du gouverneur et cérémonies festives sont précédées par des audiences accordées aux représentants des différentes communautés, dont les juifs venus en délégation de la synagogue, ainsi que plusieurs confréries locales. Tous font assaut d'amabilité pour remercier celui qui a bien voulu les recevoir.

Pourtant, après avoir rendu visite aux différentes garnisons, le 8 août, Louis XV est contraint de garder le lit. Il se plaint de violentes douleurs et souffre de fièvres. Aucun médecin ne comprend ce qui lui arrive. En dépit de multiples examens, personne ne trouve l'origine du mal.

Pendant trois semaines, le royaume retient son souffle. Aux prédictions rassurantes des premières heures ont succédé les nouvelles les plus inquiétantes. Partout, l'on prie pour le rétablissement du monarque. Le parti dévot, profitant de la situation, décide d'écarter la maîtresse en titre, Marie-Anne de Mailly-Nesle, duchesse de Châteauroux. On l'accuse d'avoir attiré les foudres du Très-Haut autant que d'avoir épuisé son amant. Elle accompagne le roi depuis plusieurs semaines et s'est affichée à ses côtés à Lille, puis dans les nombreuses villes traversées. Disposant d'une fastueuse chambre qu'elle partage avec sa sœur Diane-Adélaïde, duchesse de Laurageais, elle n'a cessé de montrer sa prééminence. Sa disgrâce n'en est que plus éloquente.

Au chevet du roi, le temps presse. La maladie ne cesse de progresser. Le 13 août, sans attendre, on se résout à faire appel au clergé pour lui donner les derniers sacrements. Dans ses vœux, le roi accepte « se séparer de sa maîtresse et de faire repentance ». Les deux sœurs n'ont pas le choix : elles se retirent à Autun, tandis que la cour continue d'être suspendue aux lèvres de l'entourage qui veille sur le souverain souffrant. Le 17, prévenu que les heures de son père sont comptées, le dauphin Louis-Ferdinand se rend sur place, bientôt suivi par sa mère, la reine Marie, inquiète au plus haut point.

Les lavements, purgatifs, saignées et surtout remèdes se multiplient. Après quelques jours, miracle : à la suite d'un nouveau traitement et de quelques jours de repos, Louis XV recouvre ses forces.

Rétabli, et contre l'avis de ses proches qui s'étaient déjà préparés au pire, il n'écoute aucun conseil et décide de rattraper le temps perdu. Aussitôt, il se remet à la tête de ses troupes, qu'encadrent ses mousquetaires noirs et gris.

Pour célébrer la guérison royale, des messes sont données partout à travers le royaume, en particulier à Metz, Saint-Arnould puis dans l'église des Jésuites où s'affichent, entre la famille royale et les autorités de la ville, les deux filles du roi, Adélaïde et Henriette. C'est d'ailleurs à cette occasion que le chanoine de la cathédrale, l'abbé Josset, qualifie pour la première fois le monarque de « Bien-Aimé ». Le Ciel a donc rendu son verdict : la victoire militaire sera bientôt au rendez-vous.

Plusieurs haltes, en particulier à Nancy, Lunéville puis Strasbourg, précèdent le siège de Fribourg, qui s'achève le 6 novembre. Il faudra attendre deux semaines pour un triomphal retour à Versailles. Mais la maîtresse ne le rejoindra pas : elle meurt quelque temps plus tard, à l'âge de 27 ans. Le roi se consolera avec la future Madame de Pompadour...

Le 11 mai 1745, à Fontenoy, la brillante manœuvre conduite par le maréchal de Saxe permet à ses troupes de prendre le dessus sur leurs adversaires anglo-hollandais. Le traité d'Aix-la-Chapelle, trois ans plus tard, met un terme à la « pragmatique sanction ».

*

La cathédrale Saint-Étienne, qui possède encore la plus importante surface vitrée de France, a conservé du miracle royal peu de souvenirs, n'était son dégagement urbanistique. Dès la guérison connue, le maréchal de

Belle-Isle a en effet préalablement détruit le cloître et les cinq petites églises environnantes dont Saint-Pierre-le-Majeur, Saint-Pierre-le-Vieux et la chapelle des Lorrains. Dans le même élan, un Hôtel de Ville a ensuite été réalisé entre 1769 et 1771. La place dégagée a successivement pris pour nom Grand Moutier, Devant la Grande Église, puis La Loi au temps de la Révolution, avant de devenir place Napoléon, de l'Hôtel de Ville et, après la chute du Second Empire, place d'Armes.

Désormais, il n'est plus besoin de traverser les anciens bâtiments qui obstruaient, au temps des ducs et des rois, le passage qui menait sur les hauteurs : seul un jardin permet aujourd'hui d'accéder à la colline Sainte-Croix qui se trouve à proximité. C'est autour de cet ancien tumulus que s'est pendant longtemps organisée la vie locale. À la tribu celte des Médiomatriques avait succédé une période gallo-romaine florissante où temples, amphithéâtres, aqueducs et thermes avaient offert les premières infrastructures. Détruite par les invasions, notamment par les Huns en 451, Metz était ensuite devenue capitale d'Austrasie à la mort de Clovis, puis centre ecclésiastique majeur sous la dynastie carolingienne. Ville libre après le soulèvement de 1234, puis soumise aux Habsbourg, elle avait été conquise en avril 1552 par les troupes du roi de France Henri II.

Ce riche patrimoine ancien est de nos jours particulièrement mis en valeur. Metz compte ainsi quarante et un monuments classés ainsi que cinquante-huit inscrits aux Monuments historiques.

Pour l'année 1744, un seul élément a cependant été récollé : un portail de la cathédrale, orné d'une frise dont l'inscription latine rappelle justement la miraculeuse guérison. L'architecte du roi, Jean-François Blondel, évoque dans son cours d'architecture les conditions de réalisation, vingt ans après le départ du monarque :

> En 1764, lorsque nous fûmes chargés de faire ouvrir une porte principale, à la cathédrale de Metz, nous proposâmes de faire un portail d'un dessin gothique ; mais, comme ce monument a une très grande élévation, on hésita de faire cette dépense, et l'on se détermina d'y faire un portique [...]. Nous composâmes une ordonnance dorique, qui, régulière dans son entablement, offrit, néanmoins, une composition analogue, en quelque sorte, avec la partie supérieure de cet ancien édifice [afin de] concilier ce nouveau genre d'architecture avec l'ancien gothique, aussi bien qu'avec la fabrique des bâtiments qui doivent l'environner, tels que le Parlement et le Palais épiscopal de Metz qui s'exécutent aussi sur nos dessins.

Ce qui reste de l'épisode est donc un simple porche à colonnes cannelées. Cela peut paraître bien modeste au regard de l'importance du malade qui se trouvait engagé dans une lutte contre la mort. Entre-temps, il est vrai, le château de Versailles, avec ses pharaoniques chantiers, a davantage occupé l'esprit de la surintendance des bâtiments du roi...

CHAPITRE 23

Marie-Antoinette quitte Versailles

Dès l'avenue de Paris, à hauteur du domaine de Madame Élisabeth, le château de Versailles se devine. En se rapprochant, une fois l'Hôtel de Ville atteint, ses contours se font plus précis. On imagine sans peine quelle devait être la réaction des visiteurs au temps de Louis XIV lorsqu'ils se trouvaient dans les environs... Partout où l'on se trouve, le palais fait toujours grande impression. Difficile d'ailleurs, à plusieurs kilomètres alentour, de ne pas trouver un panneau, un écriteau ou une simple référence à l'incroyable bâtiment ayant nécessité trois siècles de travaux.

Une fois parvenu sur la place d'Armes, après avoir contourné la statue équestre du roi par Petitot et Cartellier, il est enfin possible d'atteindre la grille d'honneur. Été comme hiver - à moins de ne se trouver là en dehors des horaires d'ouverture -, on est comme happé par une longue file de touristes.

Le premier relais de chasse construit par Louis XIII n'est qu'un lointain souvenir car c'est un vaste vaisseau de pierre qui s'offre au regard. On franchit la grille royale, un ensemble doré récemment achevé qui, après avoir été envisagé en 1772, n'a finalement été réalisé que 236 ans plus tard pour parachever le domaine. Puis on arrive devant le grand balcon de la chambre du Roi, au-dessus de la cour de Marbre aux pavés de carreau noirs et blancs.

C'est en ces lieux, le 6 octobre 1789, que le départ du couple royal s'est décidé. Pourtant, rien ne laissait alors présager un tel dénouement. Cinq mois auparavant, qui aurait imaginé pareille issue ?

*

Lors de la convocation des états généraux, le 5 mai précédent, la vie à la cour ne semble guère troublée, même si une telle réunion n'a plus été vue depuis près de deux siècles. Il est vrai que la situation, politique autant qu'économique, nécessite des réformes. Les vaines tentatives de Turgot puis de Necker ne sont pas parvenues à s'imposer aussi aisément auprès de l'aristocratie que l'aurait souhaité le souverain.

Tandis que les premiers représentants du clergé prennent leurs quartiers, que la noblesse et le tiers état découvrent les modestes appartements qu'on leur a préparés, Louis XVI et Marie-Antoinette vivent un drame. Leur fils aîné, le jeune Dauphin, Louis-Joseph, est atteint de la tuberculose. Sur l'un des tableaux les plus célèbres qu'Élisabeth Vigée Le Brun réalise, l'héritier du trône figure à la droite de la toile, désignant un berceau vide.

Pris de violents maux et portant un corset qui lui permet de se tenir droit, l'enfant souffre de poussées de fièvre, ses vertèbres étant alors gagnées par la gangrène. Installé à Meudon depuis le printemps 1789, il a été transporté à Versailles pour assister allongé sur un fauteuil, du balcon, au défilé des députés, mais est vite revenu à Meudon pour finalement mourir le 4 juin.

Le deuil qui frappe la famille royale n'annonce rien de bon pour les prochaines semaines. Depuis un mois que les séances ont débuté, les difficultés s'accumulent. En dépit des premières tentatives de conciliation, les cahiers de doléances sont examinés dans le détail, révélant un profond malaise dans la société.

Le 17 juin, la proclamation des députés se constituant en assemblée nationale provoque une véritable onde de choc, suivie par la fameuse prestation du serment du Jeu de paume. Au futur maire de Paris, Jean-Sylvain Bailly, qui proclame aux gardes « Allez dire à votre maître que la nation assemblée n'a d'ordre à recevoir de personne », se serait ajoutée celle de Mirabeau : « Nous sommes ici par la volonté du peuple, et nous ne partirons que par la puissance des baïonnettes. »

Le mois suivant, le 9 juillet, c'est l'instauration de la Constituante. À Paris, les troubles se multiplient et la prise de la Bastille, cinq jours après, marque les débuts de la Révolution.

Au château, déjà, les défections se multiplient. Parmi les premiers départs se signalent ceux du frère du roi, le comte d'Artois et futur Charles X, ainsi que des Polignac qui cristallisent une partie des ressentiments populaires. L'abolition des privilèges dans la nuit du 4 août sonne la fin des derniers espoirs, avant que le 26 la Déclaration des droits de l'homme et du citoyen n'entérine la nouvelle organisation du pays.

Pourtant, à cet instant, nul ne songe à revenir à Versailles. C'est un simple banquet, que les gazettes s'empressent de transformer en orgie, qui met le feu aux poudres. On prétend que les cocardes tricolores auraient été délibérément foulées par les gardes du roi, soutenus par le régiment de Flandres. Provocation ultime : la reine aurait été acclamée et sa seule présence a confirmé la complicité du couple royal avec les ultras.

Sur décision de Marat, Danton et Desmoulins, il est décidé de laver l'affront. La rumeur gagne les faubourgs parisiens et un grand nombre de femmes venues du quartier Saint-Antoine exige de pouvoir se rendre à Versailles.

Après une longue marche, une importante délégation parvient, sous la pluie, à quelques mètres des grilles du château. Peu après minuit, portant des fusils trouvés dans les réserves de l'Hôtel de Ville, les participantes arrivent après avoir été acclamées par les représentants du peuple à l'hôtel des Menus-Plaisirs. Soutenues aussi par quelques hommes vêtus de robes qui leur prêtent main-forte, elles n'ont qu'un objectif : ramener la famille royale à Paris.

Conscientes qu'on osera moins les contraindre qu'un groupe d'hommes – il est plus délicat de repousser des femmes par la force armée –, elles forcent le passage puis atteignent la cour pavée.

Pendant un long moment, deux d'entre elles, Louison Chabry et Françoise Rotin, accompagnées du président de l'Assemblée, Monnier, sont reçues par Louis XVI. Le roi, qui vient de rentrer en toute hâte de ses chasses à Meudon, accepte, sous la pression des représentants du peuple et aux cris des émeutiers, de rejoindre la capitale. On lui accorde d'être escorté par La Fayette.

Sans attendre, une proclamation est faite du balcon donnant sur la cour de Marbre. C'est là, quelques années auparavant, que Louis XV avait déjà aperçu le départ du convoi funèbre de Madame de Pompadour en 1764. Pour son successeur, c'est aussi de cette fenêtre qu'il avait vu, au milieu des panneaux peints par Jacques Verbeckt en 1753, des cavalcades et des fêtes dont l'effervescence commençait à ne plus ressembler que de loin à celles du Roi-Soleil.

Ce 6 octobre 1789, toute la famille royale est réunie. En signe de respect, Marie-Antoinette s'agenouille devant la foule. Le silence gagne l'assistance. Puis Louis XVI annonce : « Mes amis, j'irai à Paris avec ma femme et mes enfants : c'est à l'amour de mes bons et fidèles sujets que je confie ce que j'ai de plus précieux. » Promettant d'offrir le pain qui manque tant à la ville, certains l'appelleront désormais avec sa femme et son fils « le boulanger, la boulangère et le petit mitron ».

Dans un indescriptible chaos, tandis que l'on ne cesse de palabrer sur le parcours qu'il convient d'emprunter en direction des Tuileries, un long cortège de voitures et carrosses s'ébranle dans la matinée du 6 octobre. Cette longue colonne est précédée par des gardes nationaux ayant placé un morceau de pain au bout de leurs baïonnettes, suivis par les femmes arborant leurs piques où sont accrochées des branches de laurier.

Cette foule, arrivée à la barrière de Chaillot, est accueillie par Bailly, lequel a été proclamé maire de la ville le surlendemain de la prise de la Bastille. L'édile lance alors : « Quel beau jour, Sire, que celui où les Parisiens vont posséder Votre Majesté et sa famille. » Au même moment, à Versailles, le sort du château est entre les mains du ministre de la Guerre, Jean-Frédéric de La Tour du Pin

Gouvernet. Mais le couple royal, pourtant convaincu de revenir rapidement après avoir offert aux Parisiens ce qu'ils exigent, ne rentrera plus jamais. Installé au palais des Tuileries, il assiste impuissant aux événements. Son sort paraît réglé.

Le 21 octobre, la loi martiale est instaurée et, début novembre, l'Assemblée décrète la nationalisation des biens du clergé. L'année suivante, malgré le maigre espoir de la fête de la Fédération en juillet, la démission de Necker ruine les derniers espoirs. La fuite de Louis XVI et Marie-Antoinette qui s'achève à Varennes est un point de non-retour.

Le 10 août 1792, les Tuileries sont envahies, les sans-culottes tuant une partie des troupes suisses chargées de la sécurité du roi. La Convention est proclamée, avant que la famille royale ne soit incarcérée au Temple trois jours plus tard. En septembre, les massacres débutés à Paris gagnent les différentes villes de province.

À Versailles, la situation est des plus terribles. Le 9, une cinquantaine de prisonniers, considérés comme des ennemis de la patrie, est déplacée d'Orléans. Destinés à être jugés au tribunal criminel, les condamnés sont exécutés sans autre forme de procès par une foule excitée. Au milieu des atrocités, on compte parmi les victimes des personnalités importantes comme le duc de Brissac, ex-gouverneur de Paris, l'ancien ministre Antoine de Lessart ou le comte-évêque Jean-Arnaud de Castellane. Les corps sont ensuite portés au cimetière Saint-Louis puis jetés dans une fosse commune, recouverts de chaux.

*

En 1817, un monument en forme de colonne, surmonté d'une fleur de lys, est érigé et une plaque commémorative apposée au cimetière. Au milieu des nombreux anonymes se remarquent les noms de Jean-Baptiste de La Rivière, juge de paix, et de Charles d'Abancourt, ancien ministre de la Guerre. Sur la sépulture, l'épitaphe en latin indique :

> Pour les quarante-quatre victimes d'Orléans impitoyablement massacrées, malgré les municipaux et les citoyens faisant la plus grande résistance, par les assassins étrangers devenus les plus forts.

Depuis ce temps, la ville a retrouvé son rang. Le Directoire et Napoléon lui ont redonné une place importante, la Restauration poursuivant les travaux et embellissements du château. Louis-Philippe, en faisant construire la galerie des Batailles, puis en réunissant une grande partie des salles en un musée dédié « à toutes les gloires de la France », a offert au palais un autre usage.

Aujourd'hui, la visite de l'appartement intérieur du Roi ne permet pas de se rendre sur le balcon d'où la famille royale se tenait en octobre 1789. Comment en serait-il autrement ? L'exiguïté des lieux n'autorise pas la foule des touristes à s'y installer. De toute façon, un tel accès ne permettrait pas de se rendre compte des conditions dans lesquelles l'événement s'est déroulé.

Pour mieux s'imaginer l'esprit qui pouvait être celui de Marie-Antoinette en ce mois d'octobre 1789, documentaires et films ont tenté de reconstituer les instants de la journée. On peut notamment revoir l'arrivée des femmes à travers le film de Sacha Guitry, *Si Versailles m'était conté* où, en 1953, Édith Piaf, accrochée à la grille d'honneur, entonne un tonitruant « Ça ira ».

Cette scène, demeurée dans toutes les mémoires, ne rend qu'imparfaitement les esprits surchauffés de ces tragiques heures. Benoît Jacquot, dans *Les Adieux à la reine* avec Diane Kruger, Virginie Ledoyen et Léa Seydoux, a davantage rendu compte de l'émotion ayant marqué les témoins au cours de ces moments les plus tragiques.

L'apaisement est aujourd'hui à rechercher dans les jardins, récemment restaurés, du hameau de la Reine. Le domaine de Trianon, placé à l'écart de la foule - ce qui était déjà le cas à son époque –, a préservé le caractère que lui avait conféré l'architecte et décorateur Richard Mique en 1786. L'ensemble, si controversé en son temps avec ses styles épars et ses supposées fêtes orgiaques, propose trois espaces complémentaires. Autour d'un étang sont préservés les maisons et bâtiments voulus par Marie-Antoinette, agrémentés d'un moulin, d'une tour, d'une laiterie, d'une grange et d'une ferme entièrement pensés par la reine. Comme autrefois pour les rares invités qui se retrouvaient au cœur d'une nature domptée, les visiteurs ont la sensation de profiter d'un moment privilégié.

L'endroit a connu plusieurs phases. Après la Révolution, notamment sous le Premier Empire, des aménagements ont été conduits, en particulier à la demande de Napoléon pour sa seconde épouse Marie-Louise. Dès 1812, plusieurs bâtiments vétustes ont été détruits pour laisser place à d'autres espaces verts, avant qu'un peu plus d'un siècle plus tard, la puissante aide financière de Rockefeller ne vienne soutenir une grande campagne de restauration.

Quant à la ferme de Marie-Antoinette - de nouveau autorisée à la visite - elle n'a été rendue aux touristes qu'en 2006, une partie étant désormais le siège de la Fondation Assistance aux animaux. La volonté de la reine est accomplie. Malgré son départ précipité en octobre 1789, Versailles est redevenu son domaine pour la postérité.

CHAPITRE 24

Napoléon reçoit les portes de Grenoble

En mars 2015, pour les besoins d'un reportage télévisé japonais, une équipe de tournage avait donné rendez-vous aux intervenants dans les rues de Grenoble. Deux cents ans après l'entrée solennelle de Napoléon, il leur semblait intéressant de revoir l'endroit où un ancien souverain déchu avait repris le pouvoir, sans verser le sang, sans coup de fusil tiré, ni affrontement.

Pour le pays du Soleil levant - seul empire conservé jusqu'à aujourd'hui -, cet épisode n'est pas anodin. L'épopée de Napoléon compte assurément parmi les plus incroyables de l'Histoire. Si plusieurs batailles continuent d'être étudiées dans les écoles de guerre, la grande remontée des Alpes a gardé dans les mémoires une place à part.

*

Le 7 mars 1815, après une semaine de marche, Napoléon fait une courte halte. Rassuré et galvanisé par le succès de son entreprise, il proclame : « Jusqu'à Grenoble, j'étais aventurier ; à Grenoble, je suis redevenu prince ! » Comment mieux résumer le parcours alpestre qui l'a conduit des rives de la Méditerranée à la préfecture de l'Isère ? Ces journées passées dans le froid et la neige offrent au monde un exemple jamais vu auparavant. Et assurément, jamais chef d'État ne tentera, après lui, pareille aventure.

En agissant de la sorte, contre l'avis de sa mère Letizia ou de sa sœur Pauline qui l'ont accompagné dans son premier exil, Napoléon a prouvé qu'il n'est pas seulement le général ambitieux que l'on présente, en le caricaturant parfois. Originaire de Corse, formé dans les écoles royales d'Autun, Brienne ou Paris, couronné de victoires en Italie puis en Égypte, il reste avant tout le grand réformateur de la France républicaine.

On se souvient qu'il est arrivé au pouvoir par un coup d'État, en novembre 1799, qu'il s'y est ensuite maintenu pendant quinze années contre vents et marées, en dépit des coalitions militaires levées par les monarchies européennes, et qu'il a dû abdiquer une première fois à Fontainebleau, en avril 1814, avant de se rendre à l'île d'Elbe, juste en face de sa Corse natale.

Comment comprendre la passion qu'il continue de déchaîner, si l'on n'entre pas davantage dans le détail ? Sa popularité, jamais démentie, lui a permis de tout oser. À la différence des princes Bourbons, il lui a fallu se battre contre les coalitions pendant près de vingt ans.

En ce mois de mars 1815, le séjour de neuf mois imposé par les alliés à l'ancien vainqueur d'Austerlitz, sur un petit « confetti de la Méditerranée », prend fin pour trois raisons. Du moins ce sont celles souvent invoquées par le principal intéressé. D'abord, les rumeurs d'assassinat sont allées bon train : déjà victime de tentatives lors du Consulat rue Saint-Nicaise à Paris, puis en 1809 à Vienne par le jeune étudiant

Frédéric Staps, sa méfiance s'est renforcée. Deuxième argument et non des moindres : les puissances continentales – Autriche, Russie, Prusse et Grande-Bretagne –, réunies au congrès de Vienne, envisagent de l'exiler en Atlantique afin de l'éloigner des côtes européennes. Déjà, le nom de Sainte-Hélène se trouve sur toutes les lèvres... Enfin, ce qui justifie d'aller vite, les finances de l'ex-souverain sont au plus bas, les 2 millions de francs-or prévus par le traité n'ayant jamais été versés par Louis XVIII.

La chevauchée folle débute, après le départ de Portoferraio le 26 février 1815, par l'incroyable débarquement à Golfe-Juan. Tandis que tous les observateurs l'attendent en Italie, par exemple à Livourne où il dispose d'amis et qui est proche de l'île d'Elbe, il choisit la difficulté en se rendant en territoire français. La symbolique n'échappe à personne.

Dès qu'il met le pied sur la plage, il fait placarder des affiches qui annoncent que « l'aigle volera de clocher en clocher jusqu'aux tours de Notre-Dame ». Aux officiers, les consignes sont claires : il doit être porté en triomphe jusqu'à Paris.

Le parcours emprunté a été savamment étudié. Pour éviter la Provence royaliste toujours hostile à son retour, il impose aux 1 200 hommes – des troupes aguerries dont émergent ses grenadiers à pied et les fidèles Polonais, qui l'ont suivi en reconnaissance de la résurgence d'un grand-duché de Varsovie – de prendre la route de Grenoble. Après Grasse, Castellane, Séranon et Gap, les étapes franchies autorisent la petite troupe, précédée par le général Cambronne et protégée par le chef de l'artillerie Drouot, de gagner Corps, puis La Mure.

La journée du 7 mars est la plus délicate. Avant de traverser Laffrey se dresse un peloton du 5e régiment de ligne. L'instant risque de faire échouer l'aventure. Napoléon n'y tient plus. Il se présente, bicorne sur la tête, redingote ouverte, pour proclamer : « S'il en est un parmi vous qui veuille tuer son empereur, me voici ! » S'avançant face à ses anciennes troupes ayant pris la cocarde blanche des Bourbons, Napoléon joue son va-tout. La longue traversée des Alpes qu'il a entreprise depuis une semaine peut s'arrêter net à quelques kilomètres de Vizille.

Finalement, aux ordres de tirer donnés par le royaliste Randon placé sous le commandement du capitaine Desessarts, répond un assourdissant silence. Personne ne bouge. Un premier cri « Vive l'Empereur ! » résonne, bientôt accompagné par deux puis trois, avant ceux de tous les soldats, pourtant prêts quelques minutes auparavant à faire feu. Une fois encore, Napoléon a forcé son destin.

L'entrée à Grenoble n'est qu'une formalité. Dès son arrivée devant les remparts de la ville, il apprend que le général Marchand, gouverneur nommé par Louis XVIII, n'a pas été obéi par ses gardes d'honneur. Les deux lourdes portes qui protègent la cité iséroise s'ouvrent. Symboliquement, en signe de déférence, elles sont brisées et apportées aux pieds du héros.

Le jeune Henri Beyle, commissaire des guerres originaire de la région, n'est cependant pas présent. Ayant accompagné les troupes jusqu'en Russie en 1812, il est au même moment à Milan, avec son amie Angela Pietragrua, s'apprêtant à éditer une *Histoire de la peinture en Italie*. Trois ans plus tard, en réponse aux attaques de Germaine de Staël, il écrit sous le pseudonyme de Stendhal une *Vie de Napoléon* qui fera date, précisant : « Comme les portes ne s'ouvraient pas, les habitants du faubourg apportèrent des poutres et, aidés par les habitants de la ville, enfoncèrent cette porte qui se trouva très solide. »

Le soir, rassuré et satisfait, l'Empereur prononce les mots qui entrent dans l'Histoire. Il s'apprête à poursuivre sa route qui le mène à Lyon et surtout à Auxerre, où le maréchal Ney, qui a pourtant assuré au roi qu'il le ramènerait dans une « cage de fer », se jette dans les bras de son ancien maître. Fontainebleau est vite atteint.

Le 20 mars, jour anniversaire de la naissance du roi de Rome, Napoléon fait son retour dans sa capitale, avant de se rendre aux Tuileries. Il est de nouveau sur son trône. Pour combien de temps ? Il l'ignore évidemment mais, dans trois mois, ce sera Waterloo...

*

Pour paraphraser l'Empereur, on pourrait affirmer : « Quel roman que sa vie » ! Les lieux ayant le mieux conservé son souvenir sont évidemment nombreux. D'abord, deux sites maintiennent sa mémoire : Ajaccio, où il a vu le jour le 15 août 1769, et la « petite île » de Sainte-Hélène, où il s'est éteint le 5 mai 1821, formant les deux piliers structurants de sa légende. Afin de revoir les nombreux objets ou tableaux qui le concernent, les palais et châteaux, à commencer par Malmaison, Fontainebleau, Compiègne, Saint-Cloud constituent des lieux de visite et de pèlerinage prisés des amateurs.

À Grenoble, une simple plaque signale au passant l'entrée empruntée par la troupe impériale. La porte de Bonne ayant été détruite, c'est la seule indication conservée. Maigre consolation pour qui cherche à s'imprégner de l'esprit des grognards ou veut redécouvrir l'emplacement où une cité de France a présenté à son souverain – cas unique dans l'Histoire – non pas des clés, mais ses portes !

Pour retrouver l'esprit de la journée du 7 mars, il faut aussi se rendre, en reprenant la route des Alpes, sur la prairie de la Rencontre. À une vingtaine de kilomètres au sud de Grenoble, à Laffrey, là même où les régiments se sont fait face, des plaques et, depuis quelques années, des drapeaux fixent les emplacements des principaux protagonistes. Quelques panneaux, illustrés de résumés ou de portraits des personnages impliqués dans cette affaire, ont été érigés par les autorités locales. On y retrouve notamment les généraux Cambronne, Drouot et Bertrand, trois des plus fidèles compagnons de voyage ayant suivi Napoléon jusqu'à l'ultime bataille.

Parallèlement, chaque année, des associations se réunissent pour déposer des gerbes et mobilisent leurs adhérents pour une cérémonie patriotique. En 2015, afin de marquer le bicentenaire, des reconstitutions ont réuni de nombreux groupes de passionnés en uniforme, faisant revivre pendant deux heures le face-à-face qui aurait pu être fatal. Preuve d'authenticité, la météo était de la partie. Les pieds dans la neige, le « Napoléon » interprété par Jean-Gérald Larcin a rejoué la scène devant plusieurs milliers de spectateurs. Après Vizille, les reconstituteurs, parmi lesquels les cavaliers du Xe escadron et quelques chevau-légers lanciers polonais, se sont rendus à Grenoble où les habitants les ont accueillis avec enthousiasme. Quelque 6 000 spectateurs composaient le défilé vers l'auberge Napoléon, le parcours étant éclairé aux flambeaux comme deux siècles plus tôt.

Le site de Laffrey est devenu un lieu de mémoire préservé. Depuis le 31 août 1930, une statue équestre, signée Emmanuel Frémiet, a été installée à l'endroit de la rencontre. L'œuvre monumentale en bronze a été, à l'origine, inaugurée sur l'une des places de Grenoble mais, en 1870, à la chute du Second Empire, devenue gênante pour le nouveau pouvoir républicain, elle a été déboulonnée puis envoyée à Paris, au dépôt des marbres situé rue de l'Université. Finalement, après bien des atermoiements, le cheval et son cavalier ont trouvé refuge dans cette symbolique plaine, où sa silhouette se devine depuis la RN 85 qui serpente entre Vizille et Corps en direction de Golfe-Juan.

En 1932, la longue voie de 314 kilomètres a été rebaptisée « route Napoléon ». Trente-six ans plus tard, à l'occasion du bicentenaire de la naissance de l'enfant d'Ajaccio, un groupement a permis aux quarante-deux communes situées sur la route de faire valoir le caractère essentiel et national - au sens d'aménagement du territoire - de ce parcours emprunté par Napoléon et dédié désormais au tourisme.

Appelée Action nationale des élus pour la route Napoléon (ANERN), basée à Grasse, cette structure associe Portoferraio et l'île d'Elbe à la totalité des villes françaises. Parmi les présidents, les maires de Castellane, Grasse, Sisteron et Saint-Vallier-de-Thiey ont successivement défendu leur patrimoine commun, valorisant les différents refuges occupés par les soldats du « Petit Caporal ».

À travers deux régions et quatre départements, l'objectif est aussi, selon les vœux de ses fondateurs, de préserver de « magnifiques paysages, riches d'un exceptionnel patrimoine culturel et de charmantes communes ». Jusqu'en 1995, l'action de l'association s'est principalement résumée à l'entretien et à la réfection de la route.

En marge des animations qui n'ont cessé de se multiplier, un espace a même été ouvert à Grasse pour accueillir randonneurs et amateurs d'histoire. Des parfums « Napoléon 1815 » et « Princesse Pauline » ont été commercialisés, et plusieurs expositions itinérantes ont rappelé l'étonnante aventure engagée par l'ancien exilé de l'île d'Elbe. Malgré les polémiques, qui d'autre que l'Empereur peut se targuer en France d'un tel hommage ?

CHAPITRE 25

La visite officielle de Napoléon III à Nice

Pour marquer le 250e anniversaire de la naissance de Napoléon Bonaparte, une cérémonie s'est tenue, après Ajaccio en août 2019, à Nice le 20 octobre suivant. Dans un premier temps, pour choisir le site au cœur de la « baie des Anges », plusieurs points ont retenu l'attention des spécialistes, selon qu'il fallait souligner les caractères militaires, politiques ou sociaux à mettre en valeur. Mais comme un signe du destin et pour rappeler l'arrivée du couple impérial en 1860, c'est finalement un quai du port qui a été baptisé du nom de Napoléon Ier par le premier édile, Christian Estrosi.

En présence du prince et de la princesse Murat, de plusieurs maires des villes impériales et de l'animateur Stéphane Bern, a été dévoilée une plaque rappelant la double histoire napoléonienne de Nice. Des « journées impériales », rassemblant chaque année historiens et écrivains, ont au cours de cette année 2021 été frappées du sceau festif de la commémoration. Un public nombreux s'est alors retrouvé sur la ligne du tramway, comme un rappel des travaux ferroviaires engagés par l'empereur Napoléon III 160 ans auparavant.

*

En juillet 1858, les accords de Plombières-les-Bains prévoient qu'en cas de conflit avec l'Autriche, le roi du Piémont-Sardaigne Victor-Emmanuel acceptera de se départir de la Savoie (dont sa Maison est originaire) et de Nice au profit de la France. Face au président du Conseil Cavour, venu parlementer en faveur de son monarque, le petit-fils de Joséphine se laisse convaincre du bien-fondé de cette alliance. L'ancien exilé, qui a vécu plusieurs mois avec son père, Louis Bonaparte, en Italie et a combattu avec son frère aîné lors des soulèvements carbonaristes, sait ce que la péninsule attend de lui. L'attentat manqué de l'Italien Orsini contre sa personne, au début de cette même année 1858, a précipité sa décision.

La guerre qui suit entérine le processus conduisant à l'unité du pays. Les terribles batailles de Magenta et de Solferino, les 4 et 24 juin 1859, atténuent les ardeurs des belligérants. Devant un tel massacre de soldats, il est décidé de créer la Croix-Rouge pour sauver les blessés sans distinction. Surtout, diplomatiquement, une paix est conclue précipitamment avec l'empereur d'Autriche à Villafranca, mais l'alliance entérinée dans la station thermale vosgienne n'est pas oubliée : quelques mois après le traité de Turin signé le 24 mars 1860, le duché de Savoie et le comté de Nice deviennent français. Un plébiscite est même organisé et son résultat favorise le rattachement à la France.

En septembre 1860, Napoléon III décide de se rendre à la découverte de ses nouvelles provinces. Le souverain entreprend son troisième grand voyage en France, après ceux de 1852 dans le Midi et de 1858 dans l'Ouest. Pendant un mois entier, il visite les territoires nouvellement acquis, l'impératrice Eugénie étant aussi du déplacement. Les généraux Fleury et Lebœuf accompagnent le couple impérial, tout comme le docteur Conneau et le marquis de Galliffet. Après avoir quitté Saint-Cloud pour arriver à Dijon, Lyon, la Savoie et Marseille, on fait une halte à Toulon, visite ponctuée par un bal qui réunit les invités. Puis, de nuit, sur le yacht l'*Aigle*, on se rend à Nice, principale étape du déplacement.

Le 12 septembre, l'empereur et l'impératrice débarquent à Villefranche-sur-Mer. Leur arrivée, saluée par des salves d'artillerie et par les cloches qui battent à la volée, précède l'accueil par le préfet, le maire et la municipalité. Dès le matin, des vivres ont été distribuées aux plus modestes pour annoncer les « bienfaits » dont bénéficiera la région dans les prochains mois.

Afin de légitimer la présence française, les souvenirs liés aux passages du glorieux oncle de l'empereur dans la région sont mobilisés. Le quotidien local, le *Messager de Nice*, évoque les « sentiments de gratitude d'un peuple qui se souvient des gloires et des bienfaits du Premier Empire ». Il assure également avoir entendu « des centaines de vieillards », nés au temps de Napoléon Ier et récemment honorés de la médaille de Sainte-Hélène, manifester leur joie de pouvoir « mourir citoyens de la plus généreuse et de la plus respectée des nations ». La présence de ces hommes souligne la continuité entre les régimes impériaux, renforçant la thèse du retour à la « mère patrie ». Le couple impérial se voit d'ailleurs remettre les clés de la ville sur la bien-nommée place Napoléon, au carrefour de la rue Cassini, avant de reprendre sa route vers l'ancienne capitale du comté.

Quelques heures plus tard, la municipalité de Nice accueille l'empereur à l'entrée de la place Victor, judicieusement rebaptisée « Napoléon ». De nouveau, le maire François Malausséna remet les clés de la cité à son nouveau souverain, auquel il précise : « Voici le symbole des liens indissolubles qui l'attachent à votre auguste personne et à votre dynastie. Il s'agit d'une ville dont la fidélité fut de tout temps la noble devise, d'une ville que vous avez comblée de bienfaits, qu'elle ne pourra jamais oublier, d'une ville prête au besoin à vous prouver que, si elle aime ses souverains avec transport, elle saurait aussi les défendre au prix de tous les sacrifices. »

Le choix de la place n'est pas non plus sans rappeler les liens avec les débuts de l'épopée napoléonienne. Le *Messager de Nice* souligne que c'est précisément ici que Bonaparte a rassemblé ses troupes, au début de la campagne d'Italie. La monumentalité de l'architecture et le poids du passé permettent de solenniser la cérémonie, tandis que les drapeaux déployés proclament l'unanimité de l'adhésion des différents corps constitués. Le journal remarque des « banderoles tricolores, servant à classer l'armée pacifique du travail, les corporations d'artisans, les sections urbaines et les communes ».

L'empereur et l'impératrice passent ensuite sous un arc de triomphe surmonté d'aigles. Ils parcourent en cortège, sous les acclamations, les boulevards du Pont-Vieux et du Pont-Neuf, la place Charles-Albert, la place des Phocéens et la rue Saint-François-de-Paule, avant d'arriver au Cours. Ce trajet, entre des haies de militaires des 11e et 90e régiments de ligne, leur permet d'accomplir un demi-tour de la ville en reliant les deux principales places. Bien évidemment, le défilé évite le quartier populaire et garibaldien du port, sans doute hostile au changement intervenu et dont les organisateurs craignent les fortes réactions.

À l'entrée du Cours, un second arc de triomphe, de dimension plus modeste et fleuri, est dédié à l'impératrice, « comme contraste avec l'arc de triomphe sévère et monumental de la place Napoléon ». Eugénie, jeune mère depuis 1856, apprécie d'être accueillie par de jeunes filles ayant appris par cœur leurs compliments, qu'elles récitent avec soin :

> Madame, devant l'auguste présence de Votre Majesté nous nous sentons fières d'être Françaises, et nous bénissons le vote unanime de nos pères et de nos frères qui ramène notre charmant pays sous le trône glorieux où s'assied tant de grâce et tant de bonté. Daignez, Madame, accueillir l'hommage des vœux que nos jeunes cœurs adressent au ciel pour Vous, pour l'Empereur et pour le Prince impérial. Daignez aussi accepter ces fleurs, modestes emblèmes des sentiments de Nice, qui n'a d'autres désirs ni d'autres besoins que de vous aimer et de vous plaire.

Les invités sont ensuite rejoints par les principaux agents maritimes, ainsi que par « les pêcheurs du golfe et leurs robustes compagnes, en pittoresques accoutrements, toutes coiffées de l'escoffion national, résille à lourdes torsades de soie, teinte d'incarnat ». Leur présence atteste de l'adhésion des classes populaires au régime, mais aussi des particularismes de la culture traditionnelle locale, symbolisée par la femme du pêcheur en costume folklorique.

Puis l'empereur et l'impératrice se rendent au palais du gouverneur, où se tiennent les réceptions officielles. Celles-ci commencent, comme précédemment, par une députation de jeunes filles et se poursuivent par l'hommage des maires.

Contre toute attente, le monarque souhaite alors monter sur la colline du vieux château, pourtant en ruines et qui surplombe Nice, pour avoir une vision globale de son étendue et des travaux d'amélioration à réaliser. Une excursion est improvisée. À l'instar de ses visites de Marseille et Toulon, Napoléon III admire, une heure après, l'anse de la ville ainsi que la promenade des Anglais, à la chaussée large de 12 mètres. Ayant à ses côtés le général Frossard et le préfet, il s'installe sur une terrasse bordée d'arbres et de grands cactus, « aux feuilles acérées et tranchantes comme des sabres, aussi communs ici que l'herbe des chemins dans le centre et le nord de la France ». Se tournant vers l'une des accompagnatrices de la promenade, il aurait dit :

— Madame, voilà le plus beau pays qu'il m'ait jamais été donné de voir. C'est au-dessus de ce que je m'étais imaginé. L'impératrice regrettera de n'avoir pu m'accompagner.
— Ah ! Sire, c'est en décembre et en janvier qu'il faut voir notre pays. Quand tout le reste de l'Europe est couvert de neige et de frimas, Nice voit encore le soleil et les roses. L'hiver est la vraie saison de Nice.
— Vraiment, a dit l'empereur, ce doit être admirable.

Rendez-vous est pris. Après être redescendu, Napoléon III assiste aux illuminations proposées en son honneur. Pour terminer la journée, un grand bal dirigé par le chef d'orchestre Isaac Strauss fait honneur au couple impérial, qui ne se retire qu'à 23 h 30.

Le lendemain, avant de partir pour la Corse et accompagnés d'un feu d'artifice qui doit clore les cérémonies, Napoléon III et Eugénie se rendent dans la plaine du Var. Parmi les grands travaux engagés par le nouveau protecteur, « l'assainissement des bords du fleuve, la défense des propriétés riveraines, la conquête des terrains pour la culture, les intérêts de la ville engagés dans cette affaire » ont nécessité près de quinze années de travaux. Ce vaste chantier, déclaré d'utilité publique, coûtera 2 millions de francs.

De nouveau, lors du dîner, une dernière décision est prise, cette fois pour la totalité des autres villes et villages fraîchement rattachés à la France. Selon la diariste Marie de Saint-Germain,

> l'empereur [...] demanda à M. Malausséna ce que pouvaient être ces droits seigneuriaux survivant à la féodalité. Le maire de Nice répondit que les tribunaux sardes, après 1814, avaient déclaré que les lois et décrets du gouvernement français avaient pu suspendre, mais non abolir les droits seigneuriaux, et que, par suite, un certain nombre de communes se trouvaient pour quelques redevances sous le coup du régime féodal. L'empereur désira savoir si le rachat de ces redevances serait pour l'État une charge considérable. Sans pouvoir préciser le chiffre, M. Malausséna répondit que cela ne devait pas dépasser 300 000 francs. S.M. chargea alors M. le préfet et M. le maire d'étudier cette question, afin de faire cesser au plus tôt la fâcheuse situation de ces communes, appelées à profiter de tous les bienfaits de la législation française.

Malgré sa brièveté, ce voyage revêt une signification importante. Selon le *Messager de Nice*, l'enthousiasme populaire constaté a prouvé que, si « Nice est rentrée d'hier dans la grande famille française, elle n'en était jamais sortie par le cœur ». Le journal rappelle que le département « compte parmi ses citoyens toute une génération née sous le Premier Empire », qui « sentait peser sur elle, presque à l'égal d'une infortune, l'intérim qui la séparait d'un passé regretté ». En échange de cette fidélité, la France décide de moderniser les infrastructures. On se souvient que « ce culte du passé, ces réminiscences de fidélité, cet entraînement qui poussaient irrésistiblement notre population vers la France » ont déjà reçu une « prompte rémunération » et que la population a été « comblée de bienfaits aussi grandioses qu'inattendus ».

Ces cérémonies sont porteuses d'espoir : Nice a recouvré sa véritable nationalité. La parenthèse ouverte par la restitution du comté au Piémont en 1814 aux Sardes est refermée. Que les anciens soldats soient particulièrement sollicités au cours des cérémonies permet d'exalter des souvenirs de gloire et participe d'une relecture du passé. Cela confère au nouveau régime une continuité historique indéniable.

*

Au cours des mois suivants, la première action permettant d'intégrer pleinement Nice à la nation est sa connexion par le chemin de fer avec Marseille, puis Lyon et Paris. La ligne de 860 kilomètres, ouverte en 1855, mettra neuf ans supplémentaires pour être achevée. Le 10 avril 1863, le premier train en provenance de Paris arrive à Cagnes et, le 26 septembre 1864, le tronçon Cagnes-Nice finalise le raccordement. À cette occasion, la nouvelle gare PLM du quartier du Piol est inaugurée. Située à 2 kilomètres de la mer et construite par l'architecte Louis Bouchot, elle reprend le style Louis XIII avec façade en briques rouges et pierre d'Arles, sa structure métallique annonçant la technique Eiffel. L'extension ferroviaire vers la frontière italienne sera ensuite exécutée en deux étapes : d'abord Nice-Monaco en 1868, puis Monaco-Menton l'année suivante. D'une manière générale, la modernisation des infrastructures est lancée. Le vœu lancé par l'Empereur des hauteurs de la ville en 1860 se réalise.

Aujourd'hui, comme un signe du destin, le cimetière, installé à proximité de la terrasse où s'était arrêté Napoléon III, accueille depuis plus de cent ans la tombe d'un de ses plus farouches adversaires : Gambetta.

Quant au dernier empereur, il repose non en France mais dans la chapelle de Farnborough, en Angleterre. Cela se vérifie : nul n'est prophète en son pays.

CHAPITRE 26

Le colonel Denfert protège Belfort

La première impression de la citadelle de Belfort est souvent en lien avec le lion à ses pieds. Avant même de découvrir le pont-levis et le tunnel, on reste hypnotisé par l'animal monumental érigé par le sculpteur Bartholdi voilà plus de 140 ans. En grès rose des Vosges, avec des dimensions étonnantes, le félin affirme sa puissance du haut de ses 11 mètres de hauteur et ses 22 mètres de long.

Il a été inauguré en 1880, après soixante mois de travaux, pour rappeler l'attachement de la ville à la France. Fierté des habitants et des amoureux de sculpture animalière, il a aussi été élu monument préféré des Français au cours d'une récente émission télévisée où il était en concurrence avec le palais du facteur Cheval dans la Drôme ou le temple Narassingua Peroumal de La Réunion.

S'il a été choisi, sans doute n'est-ce pas tant pour son imposante silhouette, ni pour ses deux répliques de la place Denfert-Rochereau à Paris ou de la place René-Levesque à Montréal mais bien parce qu'il continue, dans l'imaginaire collectif, à représenter la pugnacité et l'abnégation face à l'adversité.

*

Le 2 septembre 1870, la défaite à Sedan de Napoléon III, face aux troupes prussiennes, fait vaciller la résistance à l'adversaire. Deux jours plus tard, à Paris, les députés proclament la République, tandis que les poches de résistance se multiplient à travers le pays. Gambetta, par ses appels à combattre et son départ en ballon pour organiser la résistance, trouve un écho important sur la Loire et bien sûr dans l'est du pays.

À Belfort, la situation est tendue. Ce n'est pas faute d'avoir alerté au cours des dernières semaines sur les fragilités du système de défense. Philippe-Aristide Denfert-Rochereau, en poste depuis cinq ans, ne cesse de demander que l'on soutienne les fortifications locales. À la tête de la garnison, il a pu constater que l'inspection du général Doutrelaine, qui dirigeait le 7ᵉ corps de l'armée du Rhin, n'avait en rien amélioré le sort de la ville. Aussi, lorsqu'il se trouve nommé chef du génie de la place, le colonel Denfert comprend que sa cause, quasi désespérée, réclame une énergie importante.

Son expérience lui sert. Ancien élève des écoles militaires de Toulouse et Poitiers, ce polytechnicien de 47 ans a fait ses classes à Paris. Natif de Saint-Maixent, protestant, il s'est signalé lors de l'expédition de Rome en 1849 et s'est fait apprécier de ses supérieurs pour son courage au feu. En Crimée, ses blessures ont parlé pour lui et, à son retour, il a été affecté en Algérie où, entre 1860 et 1864, les résultats ne se sont pas fait attendre.

C'est donc un homme de conviction qui, dès le 7 octobre 1870, succède au général d'artillerie Joseph Crouzat à la direction de la citadelle. Immédiatement, Denfert disperse l'ensemble de son artillerie autour du château. La livraison de quelques canons rayés ne suffit pas : il faut blinder les batteries pour éviter tout désagrément.

Stratégiquement, la situation est difficile. Tandis que le 1er bataillon de la Haute-Saône tient Giromagny et que deux compagnies de mobiles des Vosges se sont installées au sommet du col de Bussang, les Belfortains assistent à l'arrivée d'une partie de l'armée prussienne devant la citadelle. Mille fantassins et 150 cavaliers sont suivis de quatre pièces de canon. Pour contenir les prochains renforts allemands qui ne tarderont pas, Denfert envoie des hommes à Grosmagny puis Roppe afin de ralentir la progression des prochaines troupes mais, en dépit d'une résistance acharnée, après quelques jours de combat, ces places tombent l'une après l'autre.

Denfert ne dispose que d'effectifs réduits. Avec 16 000 soldats et 300 canons – certains datent du siècle de Vauban –, il se retranche au milieu des remparts. Les premiers tirs qu'il essuie lui font craindre le pire. Malgré les destructions subies, il refuse cependant les offres de reddition que lui adresse le général von Tresckow à partir du 4 novembre. Six jours plus tard, sa première tentative de sortie est un échec, avec à la clé la perte d'un commandant, deux capitaines, trois officiers blessés et « cent trente hommes hors de combat ».

La ville, enserrée entre Alsace et Franche-Comté, est dans une situation désespérée. Devenue française depuis le traité de Westphalie de 1648, son lien – plus ancien que la plupart des territoires environnants – l'oblige à toujours tenir bon face aux invasions, souvent venues de l'Est. C'est un nœud imprenable, que les travaux de Vauban dès 1687 n'ont fait que renforcer. Au cours du Premier Empire, elle est parvenue à repousser les coalisés, survivant à deux sièges en 1813-1814 par l'action courageuse du commandant Legrand puis, en 1815, du général Lecourbe.

Comme autrefois, une importante attaque adverse lance les hostilités. Le 23 novembre 1870, un tir nourri est essuyé d'ouest au nord. En réponse, Denfert canonne autour de la porte de France, sans succès. Le lendemain, une contre-offensive est conduite par trois colonnes adverses qui ouvrent une brèche. La perte de Bavilliers puis celle de la Tuilerie précèdent d'incessantes canonnades qui, à partir du 2 décembre, expédient des projectiles incendiaires.

Un mois plus tard, le 2 janvier 1871, plusieurs canons Krupp installés à Bavilliers envoient des tonnes d'obus et permettent notamment au commandement ennemi de s'emparer de Danjoutin. Fort de cette nouvelle prise, de nouvelles batteries allemandes sont positionnées « entre le chemin de fer de Besançon et le tournant de la route de Montbéliard ». L'étau se resserre.

Côté français, on accuse le coup. Ces revers ont plombé le moral des défenseurs de la ville. Une dernière lueur d'espoir s'allume alors chez les assiégés : au loin, certaines sentinelles ont entendu le canon de Bourbaki qui a tonné à Villersexel, à 30 kilomètres à vol d'oiseau. Plusieurs reconnaissances sont immédiatement envoyées pour tenter une nouvelle sortie mais, comme rien ne permet de se lancer contre les lignes prussiennes avec assurance, il convient d'attendre encore.

Le 17 janvier, la neige fait son apparition. En plus de refroidir les organismes, le manteau blanc qui recouvre le paysage décourage les troupes. Denfert écrit alors :

> Il ne faut pas que nos espérances de déblocus prochain nous fassent perdre de vue l'organisation sérieuse de la lutte, d'autant plus que le déblocus n'est pas la paix et ne pourra avoir pour résultat immédiat que d'imprimer plus d'activité et d'énergie à l'ensemble de la défense.

Il ne croit pas si bien dire : deux semaines de combats l'attendent, avec leur lot de désolations et de drames.

Après la prise de Pérouse, que précède la retraite du commandant Chapelot, vient celle des Perches le 26 janvier. Cinq jours plus tard, le colonel refuse les dernières offres envoyées par ses adversaires, en dépit du billet qui l'informe de la chute de la capitale. Il en avertit ses officiers, leur expliquant :

> Messieurs ! J'ai l'honneur de vous annoncer que Paris a capitulé le 29 janvier, deux heures et quarante-neuf minutes après midi. Les armées du Nord et de l'Ouest ont l'armistice de trois semaines pour préparer la paix.

Il ne laisse donc rien paraître de son désarroi. Il envoie même le capitaine Châtel à Bâle auprès du consul de France, pour demander la confirmation de la situation de Paris.

Finalement, sans attendre de réponse, et constatant que la maladie et les difficultés d'approvisionnement, liées au siège, rendent sa tâche impossible à soutenir, Denfert adresse, la mort dans l'âme, une lettre à Tresckow où il propose :

> Général, j'ai appris par les journaux les événements de ces derniers jours, et je sais aujourd'hui, d'une manière positive, qu'un armistice général existe et que nous sommes seuls

> à continuer les hostilités. Dans ces conditions, je crois devoir, au nom de l'humanité, vous demander la conclusion d'un armistice jusqu'au retour de M. le capitaine Châtel, qui me rapportera sans doute des instructions du gouvernement français.

Quelle sera la réaction de l'adversaire ? Ne souhaite-il pas une victoire totale, pour justifier le long siège établi, et non une négociation qui avouerait sa fragilité ? L'officier prussien refuse net la proposition. La canonnade reprend de plus belle au début du mois de février avant que, le 13, une nouvelle demande de reddition par les Allemands ne parvienne à Denfert.

Cette fois, les soldats français n'ont plus le choix. Le gouvernement leur adresse l'autorisation espérée. On lit dans le rapport qui leur est adressé :

> Le commandant de Belfort est autorisé, vu les circonstances, à consentir à la reddition de la place. La garnison sortira avec les honneurs de la guerre et emportera les archives de la place. Elle ralliera le poste français le plus voisin.

Le 16, Denfert signe la reddition. La dernière poche de résistance française se rend. Le 18, après avoir réglé les derniers détails de son départ, le colonel quitte la place en proclamant à ses derniers fidèles :

> Malgré tous vos efforts, les malheurs de la patrie ont obligé la place de Belfort à subir la souillure de l'étranger ; mais du moins elle nous est conservée et elle pourra, dans l'avenir, nous servir de boulevard contre de nouvelles attaques, et nous aider à préparer la revendication de notre territoire.

Denfert se retire temporairement des affaires. Quelques semaines plus tard, il se présente à la députation, étant élu à partir de février 1871 pour le Haut-Rhin. Populaire et aimé de ses compatriotes, il est réélu par trois autres départements, avant d'être prolongé par Paris en 1876 puis 1877 dans l'Hémicycle.

*

Pour marquer le souvenir de cette héroïque lutte, Belfort n'a pas été occupée par l'Allemagne mais conservée par la France. Par reconnaissance, un département – le Territoire de Belfort – a même été créé en 1922. Accueillant une grande partie des Alsaciens cherchant à fuir leur terre occupée, la ville elle-même est passée en vingt ans de 8 000 à 25 000 habitants. On comprend donc qu'une statue ait été installée au pied de ses remparts.

Dès 1872, la municipalité lance un vaste concours. C'est un Alsacien, né à Colmar, lui-même ancien combattant français, qui est choisi. Auguste Bartholdi, futur auteur de la statue de la Liberté, veut prouver son attachement à sa patrie. Il offre gracieusement ses services, ne souhaitant rappeler « ni une victoire, ni une défaite » mais « une lutte glorieuse dont il faut transmettre la tradition pour la perpétuer ». Le regard de son lion sera donc tourné vers l'ouest, en direction de la France.

En 1875, au moment de commencer le chantier, l'artiste précise :

> Il faut que le monument soit bien en vue et s'identifie à la ville, qu'il représente sous forme colossale un lion harcelé,

acculé et terrible encore en sa fureur. Son attitude doit glorifier l'énergie de la défense.

Le choix de réaliser la statue en grès rose de Pérouse permet aussi de rappeler le nom du village ayant subi les bombardements les plus importants au cours de la guerre.

Mais les difficultés s'accumulent. Pour rendre visite à sa famille, Bartholdi doit demander à l'occupant des sauf-conduits pour franchir la nouvelle frontière. Le chantier ne cesse de prendre du retard. Il faut attendre août 1880 pour qu'on retire les derniers échafaudages.

Dès cet instant, les critiques pleuvent. À Paris, on ne comprend pas le style néoclassique choisi, tandis qu'à Berlin on considère l'attitude de l'animal comme une provocation : sa croupe est ostensiblement dirigée vers le Rhin ! Pour faire passer la pilule, le ministre de la Guerre, Freycinet, ordonne qu'aucune inauguration officielle ne soit organisée. Dès la fin de l'été, c'est donc Bartholdi en personne qui décide d'illuminer son œuvre au moyen de quelques feux de Bengale.

Malgré les procès et les complexités administratives, le lion a été classé en 1931 monument historique. Autre particularité : reprenant l'attitude et les caractéristiques des œuvres antiques – tel le Sphinx en Égypte –, l'animal n'a pas de langue. La légende prétend que l'artiste se serait suicidé pour l'avoir constaté trop tard. Rien de plus faux. Comment concevoir qu'il lui ait fallu attendre trente ans pour s'en apercevoir ? Ne serait-ce pas davantage les atteintes à son art qui lui ont été préjudiciables ? Au-delà de tout, le fauve, par son attitude, est une allégorie du combat ultime.

Aujourd'hui, l'éclairage nocturne confère à la sculpture une force supplémentaire. Non seulement cela permet de l'apercevoir de loin, ce qui force, à chaque fois, l'admiration des visiteurs. Mais aussi, un peu comme la cathédrale de Strasbourg ou la croix de Lorraine à Colombey, l'animal se confond avec sa ville.

CHAPITRE 27

Strasbourg accueille Clemenceau

Selon la saison, la cathédrale de Strasbourg paraît différente. Au gré du soleil ou des frimas de l'hiver - un peu comme Monet l'a démontré par sa série de tableaux à Rouen -, elle n'apparaît jamais sous un même jour. La dentelle de pierre, dont émerge la deuxième plus haute tour de France avec ses 142 mètres, n'a pas son pareil pour offrir des aspects changeants, en fonction de l'heure ou des aléas climatiques. Et lorsqu'on se trouve devant sa façade, à l'instar des 4 millions de visiteurs qui se pressent pour la découvrir, on est saisi par la grandeur qui l'environne.

Une fois à l'intérieur, à heure fixe, l'horloge astronomique anime ses automates en un étonnant ballet qu'un astucieux mécanisme, signé Jean-Baptiste Schwilgué, continue de faire tourner. Datant de la Renaissance, actualisé en 1842, il suit le mouvement des planètes et de la Terre. Avec ses calendriers perpétuels, il précise aussi la position du Soleil et de la Lune, reproduisant très exactement les éclipses ainsi que les mouvements des étoiles.

En décembre, l'autre institution strasbourgeoise qu'est le marché de Noël - avec les échoppes de la Petite France, le palais Rohan ou les promenades en bateau sur l'Ill – revient éclairer la ville. Attesté depuis la fin du XVIe siècle, en un temps où la Saint-Nicolas ne permettait plus de réunir l'ensemble des habitants autour d'une fête commune, il s'est maintenu au-delà des modes et des drames. Chaque année, il réunit près de 3 millions de touristes qui apprécient non seulement son esprit préservé mais aussi les illuminations de ses quartiers.

Des centaines de chalets, habillés de guirlandes, se répartissent tout autour du grand sapin de la place Kléber ou devant l'Hôtel de Ville. Partout, chaque week-end de l'Avent, des animations sont proposées, les habitants perpétuant une tradition multiséculaire faisant la part belle aux danses folkloriques, aux objets artisanaux et au vin chaud. Ces journées sont de plus en plus prisées, l'internationalisation ayant favorisé la venue d'un public originaire de pays limitrophes mais aussi de continents plus éloignés.

*

Cela n'a pas toujours été le cas. Entre 1870 et 1918, au cours de la période du *Reichsland*, l'événement se tenait uniquement place Broglie. Il a fallu attendre l'armistice du 11 novembre et surtout le retour à la France pour que le dispositif, autour de la cathédrale, soit rétabli.

Comme un symbole, un événement patriotique accompagne alors le rapatriement. Le 9 décembre 1918, tandis que bat le *Cristkindelsmärik* – comme on l'appelle en alsacien –, la ville s'apprête à accueillir un invité de marque : Clemenceau. La présence, à ses côtés, du président de la République Raymond Poincaré ainsi que de nombreux ministres, députés et sénateurs, rassure les

Alsaciens sur les intentions françaises : l'armistice ne sera pas provisoire.

Le « Tigre » est sorti grandi du conflit. Longtemps cantonné dans l'opposition, il a laissé de côté ses appréhensions sans renier ses intimes convictions. L'ancien médecin, maire de Montmartre, devenu député, a été un ministre de l'Intérieur implacable, avant de se muer en président du Conseil inflexible. Sa réputation faite, il est entré au Sénat alors que la guerre éclatait. À partir de novembre 1917, cumulant les fonctions de ministre de la Guerre et de chef du gouvernement, il a mené une lutte sans merci malgré les oppositions de tout ordre et conduit la France à la victoire.

Un mois après la fin des combats, dès 9 heures du matin, son arrivée en gare de Strasbourg s'effectue sous les vivats. Le maire de l'époque, le francophile Jacques Peirotes, lui présente les clés. Une demi-heure plus tard, une réception à l'Hôtel de Ville permet à Poincaré d'entamer un premier discours, sur le perron, place Broglie.

Prononcés en français, peu d'Alsaciens comprennent les mots ainsi lancés :

> Cette revendication de vos droits éternels, que vos élus à l'assemblée de Bordeaux avaient formulée en termes d'une beauté antique, vous l'avez renouvelée, sous toutes les formes, depuis le jour où le destin vous a trahis. Vous l'avez renouvelée au Reichstag, vous l'avez renouvelée dans vos délibérations locales, vous l'avez renouvelée dans vos œuvres artistiques, dans votre presse, dans vos conférences, dans votre théâtre ; et lorsque le crayon, la plume ou la parole vous étaient retirés, vous l'avez renouvelée, plus

impressionnante et plus grandiose encore, dans ce silence fier et dédaigneux que vous avez opposé, jusqu'au bout, à toutes les tentatives allemandes de conquête morale, et dans lequel vos oppresseurs entendaient gronder les protestations incoercibles de votre patriotisme bâillonné !

À 13 h 30, après une courte réception, un défilé permet aux troupes de prendre possession des principaux axes de la ville libérée, qu'un concert prolonge, animant comme rarement les rues de la cité alsacienne. L'ensemble des soldats se retrouve ensuite sur la bien-nommée place de la République, où ont été dressées des tentures tricolores accrochées aux arbres, avec d'imposantes guirlandes de fleurs. Partout, les maisons sont pavoisées aux couleurs françaises.

L'année suivante, la longue occupation allemande d'Alsace-Moselle s'achève avec la paix signée à Versailles le 28 juin 1919. Depuis le décret signé le 21 mars précédent, un commissaire général de la République a pris ses fonctions à Strasbourg et doit préparer le rattachement du territoire à la nation. C'est Alexandre Millerand, précédemment ministre de la Guerre, futur président du Conseil et plus tard président de la République, qui occupe le poste.

L'objectif, comme il le dit lui-même, est de donner des forces pour que ces « provinces recouvrées aient toutes les raisons de continuer à se féliciter sans réserve de leur retour à la France ».

Le 4 novembre, c'est cependant dans un contexte différent que se situe la seconde visite de Clemenceau. Une année vient de s'écouler et les difficultés sont nombreuses.

Nous ne sommes alors qu'à une semaine du premier anniversaire de l'armistice et cette symbolique présence doit permettre à la ville de fêter l'événement. Les problèmes économiques liés à l'abandon du mark, qui a pourtant subi les aléas d'une inflation galopante, et surtout politiques vis-à-vis du reste du pays, paraissent bien lourds.

La population, une fois les acclamations passées, comprend que rien ne sera plus comme avant et que les heureux instants d'avant 1871 ne reviendront plus. Qu'en sera-t-il des particularismes, notamment religieux – le Concordat ayant toujours cours –, et que feront les anciens personnels administratifs ? Surtout, comment les propriétés allemandes seront-elles transmises à leurs nouveaux occupants ?

Au palais des Fêtes de Strasbourg, Clemenceau annonce :

> L'œuvre de libération est enfin accomplie. L'Alsace-Lorraine, la France se sont retrouvées. Le foyer national a reconquis ses joies. Tout cela, c'est déjà de l'histoire, une histoire qui continue, et dont le développement heureux est la cause, précisément, qui m'amène aujourd'hui devant vous. Car, si nos députés, à cette heure, sont tout à leur reddition de comptes, si à côté d'un parlement nouveau, de nouvelles assemblées départementales et municipales vont être directement constituées dans tout le pays, ne convient-il pas qu'au jour où l'Alsace-Lorraine fait sa grande rentrée dans tous les mouvements de l'activité nationale, Strasbourg lance l'appel aux puissances de vie françaises, en vue du renouveau d'énergie qui nous est commandé ? Avec le droit reconquis de gérer sens propres affaires, l'Alsace reprend le cours de sa collaboration historique, si

précieuse pour nous par les qualités éminentes qui lui sont universellement reconnues.

Une partie de cette harangue est consacrée à la justification des dispositions prises à Versailles, ce qui ne manque pas d'inquiéter les Alsaciens. La question internationale préoccupe le chef du gouvernement :

> Libérées d'un joug séculaire, de vaillantes nations, cruellement opprimées, sont rentrées tête haute dans la noblesse de l'histoire. La plupart s'étaient vues traîner au combat contre nous. Avec la restitution de leurs territoires, nous avons voulu leur apporter une équitable répartition des moyens de pourvoir aux besoins de leur vie nationale, et rien ne fut épargné dans le règlement des frontières pour écarter toutes chances apparentes de conflits. La Pologne renaît. La Bohême surgit à de nouvelles destinées, reprenant le cours d'une Histoire. Les Slaves du Sud s'organisent en une nation puissante qui n'oubliera pas ses amis. Il n'est pas jusqu'au Danemark lui-même qui, pour don de justice, ne se voit retourner sans l'avoir regagné par la guerre, des terres volées par l'Allemand.

En réponse, le discours de Millerand traduit la satisfaction de tous les habitants de Strasbourg mais évoque aussi leur difficulté à s'intégrer dans le territoire, notamment vis-à-vis des lois qui ont régi le pays depuis 1871.

À la fin de ce mois de novembre 1919, précisément du 21 au 23, l'université est symboliquement de nouveau inaugurée, marquant le retour dans le giron français. Les cours sont dispensés dans la langue de Molière et les enseignants, autrefois bannis, retrouvent leur poste. Les facultés, réunies en une véritable « ruche » intellectuelle, offrent l'image d'une assemblée que l'historien Christian Pfister qualifie de « forte et puissante, foyer de sa culture, image de son génie ». Imaginée comme profondément européenne, son objectif est de dépasser les clivages éculés, s'appuyant notamment sur les sciences sociales.

Dix ans plus tard, pour montrer l'évolution constatée, est créée l'école des Annales, coïncidant avec la parution des *Rois thaumaturges* de Marc Bloch. Les travaux du grand historien poursuivent les intuitions pluridisciplinaires de Lucien Febvre et, avec quelques chercheurs ambitieux comme Henri Pirenne, le géographe Albert Demangeon ou le sociologue Maurice Halbwachs, sont publiés les résultats dans une revue vouée à s'opposer au positivisme ambiant.

Seule la guerre les sépare. L'occupation nazie, à partir du 19 juin 1940, est terrible et plusieurs figures universitaires ayant fait la réputation de l'école des Annales y laissent la vie, à commencer par Marc Bloch lui-même.

*

De nos jours, en cette université désormais baptisée du nom de l'historien martyr de juin 1944, fréquenter les bancs de la noble institution reste un honneur. Chaque élève a conscience qu'il inscrit sa destinée dans celle des plus importants esprits des siècles antérieurs. Ont en effet fréquenté les bancs de l'université, depuis la création du Gymnase par Jean Sturm en 1538, le futur chancelier autrichien Metternich, le scientifique Louis Pasteur, mais aussi Robert Schuman, Albert Schweitzer, Paul Ricœur, Jean Leclant, le Péruvien Alberto Fujimori, le sportif Arsène Wenger, l'ancienne ministre Catherine Trautmann et le politicien luxembourgeois Jean-Claude Juncker. En précurseur de l'entente franco-allemande, Johann Wolfgang von Goethe y a étudié entre avril 1770 et août 1771 : il a droit à sa statue devant ce que les initiés appellent communément le « palais U ».

Parmi les spécialités reconnues et toujours enseignées, outre le droit et les sciences, plusieurs sections sont consacrées aux lettres et aux arts, à la philosophie et à l'histoire. Les deux principales facultés continuent d'être celles de théologie protestante et de théologie catholique. Cas unique : elles partagent espaces et salles, échangent programmes et spécialités, proposant fréquemment des colloques ou des rencontres qui réunissent exégètes et étudiants, spécialistes et amateurs.

L'universalisme de la pensée y est de rigueur, un peu à l'image de l'église Saint-Pierre-le-Vieux, partagée en 1683 par ordre de Louis XIV entre culte protestant et office catholique. Si une grande partie du chœur a été dévolue aux uns, la nef a longtemps été réservée aux autres. Ainsi, selon les jours et les fêtes religieuses, il était possible, alternativement, de prier conjointement au sein du même édifice.

Dans un esprit similaire, quatorze édifices accueillent de nos jours à Strasbourg la communauté juive autour de la grande synagogue. Et quinze salles s'unissent à la grande mosquée pour les musulmans de la ville. Horaires des prières, partages des espaces et réunions œcuméniques offrent l'image d'un profond respect mutuel. Ici, comme le souhaitait l'enseignement dispensé à l'université il y a près de 300 ans, la tolérance n'est donc pas un vain mot.

CHAPITRE 28

Ajaccio est libérée par le général Giraud

La Corse mérite son nom d'île de Beauté. Sur les bords de la Méditerranée, entre France et Italie, ses paysages fascinent autant qu'ils étonnent. Sa verdure dominante contraste de façon saisissante avec le bleu de l'azur, la proximité de ses plages et de ses montagnes expliquant la passion que lui vouent des milliers de touristes chaque année.

Son histoire est liée, tantôt aux grands empires, tantôt aux républiques. Après l'occupation génoise longue de près de cinq siècles, la succession de bouleversements qui l'agitent cesse avec le traité de Versailles. Dès 1768, l'île est placée sous la « protection » de la France. En deux siècles et demi, sa situation dans le destin national se retrouve à travers les personnalités ayant servi ses différents régimes. Parmi les officiers et diplomates, industriels ou hommes de lettres, plusieurs noms viennent immédiatement à l'esprit, le plus célèbre restant à n'en pas douter l'enfant d'Ajaccio, né le 15 août 1769 : Napoléon Bonaparte.

Dans les rues et places de la ville, tout autant que dans ses avenues et bâtiments, le souvenir de l'empereur est omniprésent. On ne compte plus les cafés, les cinémas et autres centres culturels baptisés en mémoire du héros, quand ce ne sont pas son fils le roi de Rome, ses frères et sœurs, ou sa mère, la fameuse « Mama Letizia ».

Une statue néoclassique du Premier consul, signée Maximilien Laboureur entre 1802 et 1803, est installée depuis 1827 sur la fontaine des Quatre Lions. Legs de l'oncle de l'empereur, le célèbre cardinal Fesch, le lieu – depuis baptisé place Foch – rappelle les bienfaits civils du réformateur. Juste en face de la mairie, c'est là que se succèdent les cérémonies commémoratives.

Sur la place du Diamant, un Napoléon équestre, réalisé en 1865 par le sculpteur Barye, est entouré de ses quatre frères. Sur un socle de Viollet-le-Duc, les silhouettes de bronze sont vêtues de toges. Jusqu'alors tourné vers la mer, le nouveau plan d'urbanisme de 1969 a imposé de changer l'orientation du monument, désormais dirigé vers la ville et non face au continent.

Enfin, sur les hauteurs, à l'emplacement de la grotte du Casone, un imposant monument surmonté de l'effigie de l'empereur par Seurre avec son traditionnel bicorne, évoque les victoires et les grandes créations napoléoniennes.

Depuis cette épopée, l'île a toujours répondu aux sollicitations des autorités françaises. Au cours de la Grande Guerre, des bataillons entiers d'insulaires sont venus grossir les rangs des Poilus, notamment dans les tranchées, et beaucoup sont tombés pour la défense du drapeau tricolore.

*

Pendant la Seconde Guerre mondiale, l'île devient l'un des enjeux stratégiques majeurs des belligérants. En 1943, la Corse est même le premier territoire français libéré, principal objectif des forces françaises basées aux environs. À la tête de l'opération se trouve le général Giraud. Co-président du Comité français de la libération nationale, il mène les troupes qui, après plusieurs semaines d'offensive, atteignent au début du mois de septembre les principaux ports de l'île.

L'ancien officier de zouaves est général depuis 1930. Ayant combattu pendant la Grande Guerre, il a participé à la guerre du Rif avant de devenir professeur à l'école de guerre. Comme gouverneur de Metz puis commandant de la 3e armée, il s'est fait apprécier des troupes et a eu sous ses ordres de Gaulle. Il a assuré en 1939 la direction de la 7e armée avant d'être fait prisonnier en mai puis envoyé à Königstein. Son évasion lui a permis de rejoindre les effectifs de la France libre et d'être désigné par les Alliés en qualité de « commandant en chef civil et militaire ». Le 3 juin 1943, il préside donc avec le général de Gaulle le CFLN avant de prendre la direction des forces françaises d'Afrique du Nord et de l'AOF.

En Corse, depuis le 25 juillet 1943, la chute de Mussolini a donné un début d'espoir aux habitants, les sabotages et autres mouvements clandestins prenant une ampleur jamais connue. Dans les rues d'Ajaccio, tout au long de l'été, les manifestations hostiles au pouvoir se multiplient. Elles offrent un écho aux différentes actions entreprises par la résistance locale. Parmi les groupes constitués, les effectifs atteignent bientôt 15 000 combattants, bien décidés à en découdre avec l'occupant.

Le gouvernement Badoglio tombe le 8 septembre. Un armistice est conclu de manière définitive après un premier accord entériné cinq jours auparavant. Le plan d'action vise désormais casernes, gares et établissements publics, puis la préfecture et la mairie, dont la reprise symbolique, dès le 9, agit comme un détonateur dans les esprits. Les principales voies d'accès vers Ajaccio sont coupées et les ultimes régiments allemands rapidement faits prisonniers.

Le 10, c'est au tour des communes environnantes de se soulever, ce qui renforce la cohésion insulaire et détermine l'attitude des francs-tireurs, dirigés par leur chef d'état-major François Vittori, ainsi que l'engagement du capitaine Paulin Colonna d'Istria et du Front national que contrôlent les communistes. Les combats sont quasi généralisés, les Allemands cherchant à gagner du temps en envoyant une division blindée sur place pour repousser les assauts.

Le soir, en Algérie, Giraud est informé par un télégramme des détails de l'opération. Après son dîner, il aurait déclaré aux rares témoins présents : « Les braves gens ! On ne peut pas les laisser tomber. » Sans attendre, il décide d'engager ses forces. Dans l'espoir d'une victoire décisive, il veut aller vite. Malgré le pessimisme d'Eisenhower, Giraud considère les résistants comme une « force supplétive des armées », tandis que de Gaulle, au contraire, reste persuadé que l'opération est encore précipitée. Le risque politique est élevé : les communistes pourraient y gagner, une fois l'opération achevée, un prestige inespéré.

Le 13 septembre, Ajaccio attend l'arrivée des premiers régiments. Le bataillon de choc de Gambiez est à l'approche. Il est conduit par le sous-marin *Casabianca* du capitaine L'Herminier avec, à son bord, 109 soldats.

La direction générale, assurée par le général Henry Martin, compte de nombreux régiments - au total 10 000 hommes -, en coordination avec le général italien Magli. Le débarquement, peu après minuit, est accompagné par les encouragements de la population qui a été préalablement prévenue.

L'annonce de la libération de la Sardaigne ayant soulagé une partie des effectifs, ces navires ont quitté depuis cinq jours les côtes corses et reviennent donc chargées de renforts demandés par les patriotes engagés dans l'ultime affrontement. L'opération, baptisée « Vésuve », doit permettre de disposer de 6 500 combattants venus d'Alger, parmi lesquels se trouvent la 4e division marocaine de montagne et la 10e DCL.

Le 14 septembre, les torpilleurs *Fantasque* et *Terrible* permettent de renforcer les effectifs de 500 hommes, armés et prêts à assurer l'appui des assauts prévus. Cinq tonnes de matériel suivent. Ils s'ajoutent aux 450 mitraillettes et aux 60 000 cartouches déjà livrées depuis février.

Le préfet Charles Luizet, récemment nommé par le CFLN, se lance le 15 dans une tournée générale d'inspection. L'ancien sous-préfet de Bône, devenu secrétaire général pour la police et les affaires musulmanes, a été choisi pour sa discrétion et son sens du devoir. Les acclamations qui suivent son passage assurent au nouveau pouvoir la légitimé recherchée. Plus tard, Luizet deviendra préfet de police de Paris.

Le terrain est favorable pour une entrée solennelle. L'arrivée symbolique du général Giraud, dès le 21, sur le terrain de Campo dell'Oro, provoque des scènes de joie. Passé le temps des festivités, sa rencontre avec Magli facilite la bonne coordination des actions engagées que confirment les libérations des autres villes et villages, en particulier Sartène le lendemain puis Porto-Vecchio le 23. Une semaine plus tard, la visite du secrétaire d'État à l'Intérieur, André Philip, conditionne la mise en action des premières commissions politiques, censées assurer la continuité étatique dans l'île.

Au début du mois d'octobre, les dernières poches tombent également, notamment les cols de San Stefano et Teghime, avant que Bastia ne soit libérée le 4. Les goumiers entrent dans la ville.

Dès le lendemain, informé de la pleine réussite des opérations, le général de Gaulle débarque à Ajaccio. Jusqu'au 8, il visite les lieux des combats et confirme, dans un discours resté fameux, la reprise du contrôle de l'île :

> Au milieu de la marée d'enthousiasme national qui nous soulève tous aujourd'hui, nous pourrions ne connaître rien que l'émouvante satisfaction d'être emportés par la vague. Mais, mesurant le dur chemin qui nous sépare encore du but, nous savons qu'il ne suffit pas de nous livrer à la joie et qu'en vérité nous devons, sur-le-champ, tirer la leçon qui se dégage de la page d'Histoire que vient d'écrire la Corse française. La Corse, que l'héroïsme de sa population et la valeur de nos soldats, de nos marins, de nos aviateurs, viennent d'arracher à l'envahisseur au cours de la grande bataille que les Alliés mènent en ce moment, la Corse a la fortune et l'honneur d'être le premier morceau libéré de la France. Ce qu'elle fait éclater de ses sentiments et de sa volonté, à la lumière de sa libération, démontre ce que sont les sentiments et la volonté de la nation tout entière.

Sans l'action combinée des résistants et surtout sans l'apport indispensable des forces armées dirigées par Giraud, l'île n'aurait sans doute pas connu pareille victoire. Pourtant, le 6 novembre, ce dernier doit remettre sa démission de la coprésidence et signer le décret donnant mandat à de Gaulle « de procéder aux remaniements de son choix au sein du CFLN ».

Démis de ses fonctions en avril 1944, Giraud se retire ensuite dans la villa Mazagran, près de Mostaganem, en Algérie. Il reviendra en 1946 : élu député par le département de la Moselle, il siégera à l'Assemblée constituante avant, trois ans plus tard, de devenir vice-président du Conseil supérieur de la guerre.

Il meurt le 11 mars 1949 à Dijon, après avoir été décoré de la médaille militaire. Des obsèques nationales lui sont accordées, en présence du président Auriol.

*

Chaque année, depuis cette libération, les commémorations sont importantes en Corse. À Ajaccio, dépôts de gerbes et festivités réunissent anciens combattants et associations patriotiques, qui en profitent pour rappeler aux spectateurs, en particulier aux touristes encore présents, les détails de ces journées. Trop souvent, le débarquement du 6 juin 1944 est évoqué comme le premier épisode de la vaste opération conduite par le général de Gaulle avec les forces françaises. Il faut au contraire se souvenir que les bataillons de choc sont intervenus dès la mi-septembre 1943 en Corse.

Une plaque, apposée à la mémoire des commandos marine, rappelle l'épisode. Dans le marbre est gravée la mention : « Le sous-marin *Casabianca* sous le commandement du capitaine de frégate L'Herminier a débarqué à cet endroit le 13 septembre 1943, à 1 h 30 du matin, cent hommes du bataillon de choc venus aider les patriotes soulevés depuis le 9 septembre. » Quant à la place du Diamant, elle a été rebaptisée, en souvenir du discours prononcé le 8 octobre, place Charles-de-Gaulle.

En revanche, si une place Henri-Giraud a été inaugurée à Porto-Vecchio à l'occasion du soixante-dix-huitième anniversaire de l'appel du 18 Juin, si un collège porte son nom à Bastia, aucune grande artère ne lui rend hommage dans la cité impériale. Pourtant, le bilan des opérations parle en sa faveur. Sur les centaines de combattants engagés, seuls soixante-quinze – y compris les partisans – sont tombés au cours des affrontements.

Sans doute l'opposition entre les deux hommes trouve-t-elle à Ajaccio son ultime développement. Lors de son arrivée en Corse, de Gaulle avait dit : « Giraud m'a volé ma Corse. » Ce à quoi ce dernier aurait répondu : « La victoire de la Corse a décidé de mon élimination. »

CHAPITRE 29

De Gaulle et Adenauer se rencontrent à Colombey

La croix de Lorraine de Colombey-les-Deux-Églises est comme un phare dans le paysage haut-marnais. À des dizaines de kilomètres de distance, elle se devine : de jour, elle s'extrait des brumes matinales de l'hiver ou fend l'azur des après-midi ensoleillés d'été ; de nuit, éclairée, elle semble encore plus imposante.

La décision de l'ériger sur la colline qui domine le village date de 1954. Le général de Gaulle souhaite alors qu'elle soit élevée en sa mémoire, lorsque la mort viendrait le saisir. Il soupçonne déjà, alors qu'il traverse pourtant une période difficile, abandonné par la plupart de ses anciens comparses, que sa disparition lui rendra la place qu'il mérite et surtout que son action pendant la guerre sera reconnue à sa juste valeur. Le résultat, on le sait, est à la hauteur de ses espérances : dès son installation en 1972, près de 400 000 personnes viennent découvrir l'imposante croix. Il est vrai qu'entre-temps, les événements ont quelque peu changé la donne.

*

Après une période de forte instabilité politique, le héros de 1940 a été rappelé. En qualité de président du Conseil, il a été investi dans ses fonctions le 1er juin 1958. Son discours d'investiture est alors sans équivoque :

> La dégradation de l'État qui va se précipitant. L'unité française immédiatement menacée. L'Algérie plongée dans la tempête des épreuves et des émotions. La Corse subissant une fiévreuse contagion. Dans la métropole des mouvements en sens opposé renforçant d'heure en heure leur passion et leur action. L'armée, longuement éprouvée par des tâches sanglantes et méritoires, mais scandalisée par la carence des pouvoirs. Notre position internationale battue en brèche jusqu'au sein même de nos alliances. Telle est la situation du pays. En ce temps même où tant de chances, à tant d'égards, s'offrent à la France, elle se trouve menacée de dislocation et peut-être de guerre civile. C'est dans ces conditions que je me suis proposé pour tenter de conduire une fois de plus au salut le pays, l'État, la République, et que, désigné par le chef de l'État, je me trouve amené à demander à l'Assemblée nationale de m'investir pour un lourd devoir.

Après avoir rétabli l'autorité étatique et lancé une série de réformes, le président du Conseil s'attèle à rassurer ses voisins européens. L'Allemagne est sa priorité. Les années de guerre sont maintenant éloignées. Depuis treize ans que la capitulation nazie a été obtenue, le souvenir des années noires s'estompe. Pourtant, l'alliance franco-allemande reste fragile et des signes de rapprochement demeurent nécessaires.

Le 14 septembre 1958, une réunion impromptue a pour objectif de resserrer les liens du couple franco-allemand qui semblent se distendre. Dans la matinée, une Mercedes noire fait son entrée dans la cour de La Boisserie à Colombey. À son bord : le chancelier Adenauer. En signe d'amitié, l'hôte est sur le perron.

L'homologue allemand sait que cette entrevue peut tout changer. Originaire de Cologne, plus âgé de quatorze ans, Konrad Adenauer a été élu, après avoir été avocat, maire de sa ville natale. Entre 1921 et 1923, il a occupé la fonction de président du Conseil d'État prussien, avant l'arrivée des nazis qui l'ont privé de tout rôle. Considéré comme un opposant notoire au régime, il a été arrêté puis interné, en particulier à la suite de l'attentat manqué contre Hitler. Quatre ans après la capitulation du 8 mai 1945, il s'est vu confier le rôle de chancelier qu'il exerce donc sans discontinuer jusqu'à ce 14 septembre 1958.

La veille, l'académicien André François-Poncet a souligné dans *Le Figaro* les enjeux de la journée :

> Si un intérêt exceptionnel s'attache à la rencontre du général de Gaulle et du chancelier Adenauer, qui doit avoir lieu demain dimanche, à Colombey, ce n'est pas seulement parce que l'un et l'autre sont, au propre et au figuré, des hommes de grande taille, c'est aussi parce qu'ils représentent, tous deux des peuples dont l'hostilité mutuelle et permanente dominait, il n'y a pas si longtemps, la politique internationale et dont le rapprochement et les efforts de bonne entente, qui ont changé la face de l'Europe, constituent, sans doute, l'un des événements les plus importants, l'une des acquisitions les plus considérables de l'après-guerre. [...] On notera qu'en acceptant d'aller rendre visite au général dans sa maison et de passer la nuit sous son toit le chancelier, plus âgé et chef de gouvernement depuis près de dix ans, a donné, de son côté, gage de sa bonne volonté

et de son désir d'imprimer à l'entrevue un cachet, non de cérémonie mais de confiance et d'intimité.

Il est vrai que le site choisi a son importance. Dans ses *Mémoires d'espoir*, le général confie :

> Il me semble, en effet, qu'il convient de donner à la rencontre une marque exceptionnelle et que, pour l'explication historique que vont avoir entre eux, au nom de leurs deux peuples, ce vieux Français et ce très vieil Allemand, le cadre d'une maison familiale a plus de signification que n'en aurait eu le décor d'un palais. Ma femme et moi faisons donc au chancelier les modestes honneurs de La Boisserie.

Ce qu'attendent aussi les observateurs, ce sont des signes de rapprochement possibles. François-Poncet souligne notamment que « les interlocuteurs ont [...] entre eux des points communs : une humanité profonde, l'élévation naturelle de la pensée, l'aptitude à négliger les détails pour saisir dans ses grandes lignes et dans sa simplicité l'ensemble d'une situation, la pureté des mobiles, une énergie obstinée dans la poursuite d'un objectif clairement aperçu ». La conclusion s'impose : « Il n'y a pas à attendre de la rencontre de Colombey de grandes décisions. Tout au plus y a-t-il [...] une atmosphère à réchauffer. » L'enjeu est de taille.

Arrivé en retard au rendez-vous, Adenauer peut justifier aisément cet écart : son chauffeur a confondu le lieu avec... Colombey-les-Belles ! S'apercevant de la méprise, on a immédiatement repris la route mais deux heures ont été perdues.

Le héros de la France libre s'impatiente. Dès l'arrivée de son invité, une chaleureuse poignée de main l'accueille, immédiatement captée par la nuée de photographes installés à quelques mètres.

Le rendez-vous est capital. Le général déclare : « Il faut tenter de renverser le cours de l'Histoire. Il doit en être fini à jamais de l'hostilité d'autrefois. » C'est, ni plus ni moins, l'avenir de l'Europe que l'on va discuter dans la résidence privée du chef de gouvernement français.

À l'abri des regards et des oreilles indiscrètes, la rencontre s'avère directe et efficace. On s'accorde rapidement pour que l'« Europe des Six », née du traité de Rome l'année précédente, s'établisse sur les bases édictées à ses origines. Il sera plus aisé ensuite d'élargir le cercle, à partir des conditions déjà éprouvées par le duo. Puis est abordée la question de l'Alliance atlantique, à laquelle les Allemands, qui possèdent une frontière commune avec leurs frères de l'Est, ne peuvent rester insensibles.

Après la nuit, passée à échanger sur d'autres dossiers, Adenauer quitte son hôte avec le sentiment du devoir accompli. La CEE en sort renforcée et la proximité de l'Allemagne de Bonn avec les États-Unis, assurée.

Quatre mois plus tard, intronisé président de la Cinquième République, de Gaulle a désormais les mains libres pour s'engager plus avant. Le traité de l'Élysée, conclu le 22 janvier 1963, le confirme aisément. Désormais, comme le prévoit le premier article, « les chefs d'État et de gouvernement donneront en tant que de besoin les directives nécessaires et suivront régulièrement la mise en œuvre du programme fixé ci-après. Ils se réuniront à cet effet chaque fois que cela sera nécessaire et, en principe, au moins deux fois par an ». Tandis que les ministres des Affaires étrangères veilleront à l'exécution du programme dans son ensemble, les principes d'organisation sont déjà fixés : « Des rencontres régulières auront lieu entre autorités responsables des deux pays dans les domaines de la défense, de l'éducation et de la jeunesse. » Pour que l'Europe soit informée des échanges, « les deux gouvernements tiendront les gouvernements des autres États membres des communautés européennes informés du développement de la coopération franco-allemande ».

*

Soixante ans après cette rencontre, Colombey a bien changé. Depuis le 9 novembre 2006, pour commémorer l'anniversaire de la disparition du général, un mémorial Charles-de-Gaulle occupe l'ancien emplacement du modeste musée qui accueillait jadis les visiteurs. Inauguré par Jacques Chirac, les nouveaux espaces muséographiques, sur quelque 4 000 m^2, immergent le spectateur, comme l'indique le guide, « dans différentes époques et consacrent l'équipement comme un centre d'interprétation où tout un chacun peut revivre la Grande Histoire au travers de la vie de Charles de Gaulle ». Les scénographies de Nausicaa, Christian Le Conte et Geneviève Noirot proposent « décors, films sur écrans géants, bornes multimédia, créations sonores, commentaires écrits, dioramas, archives sonores et audiovisuelles ». Outre un centre de documentation, un vaste auditorium de près de 200 places propose conférences et présentations, riche programmation permettant d'allier culture et mémoire. Ce vaste bâtiment moderne, qui surplombe les paysages de Haute-Marne, est à quelques encablures de l'ancien domicile du général natif de Lille.

Lorsqu'on se rend pour la première fois à La Boisserie, rien n'a changé. Dans un cadre verdoyant, préservé du voisinage, s'animent les images vues tant de fois dans les reportages ou les documentaires. Passé le porche, une fois à l'intérieur, on retrouve tout à la fois les salles, les meubles et même les affaires du général de Gaulle, du moins telles qu'elles étaient au moment du décès de l'ancien chef de l'État en novembre 1970.

Après la cuisine et le grand escalier, on passe au salon, où le temps s'est figé. Les chaises, fauteuils et portraits accrochés au mur sont tels que les ont laissés leur insigne occupant. Une fois cet espace franchi, vient le bureau. Un fauteuil et quelques bibliothèques laissent découvrir la vue sur le parc dont a profité de Gaulle jusqu'à ses derniers instants.

Cette demeure, d'allure modeste, avait été acquise en 1934, d'abord en viager, avant que Charles et Yvonne ne puissent en disposer deux ans plus tard. Bien que l'eau et l'électricité n'aient été installées qu'après la guerre, tous les membres de la famille de Gaulle, avec les trois enfants, s'y rendaient régulièrement. La benjamine, Anne, atteinte d'un handicap important, y trouvait surtout refuge. Quant à l'ancien chef d'État, retiré de la vie publique après 1969, cette maison, lieu de villégiature autant que de travail, était devenue au fil du temps un espace de repos et de réflexion. C'est là que la plupart de ses ouvrages avaient été rédigés.

En sortant vers le village, on peut faire une halte au cimetière. Une tombe, à l'allure sobre, réunit le couple depuis 1979. Leur fille, décédée en 1948, est aussi à leurs côtés.

Après avoir découvert ces lieux chargés d'histoire, on se prend à imaginer ce qu'a été la rencontre d'Adenauer et de Gaulle. Lorsque les caméras et les personnalités se sont retirées, une fois le cercle devenu restreint, qu'ont bien pu se dire ces deux grands témoins du XXe siècle ? En se retrouvant dans une intimité inédite, sur quels détails ont pu porter leurs échanges ?

Leurs sentiments devaient être mêlés. Entre curiosité et respect, ils ont dû sentir le poids de leurs responsabilités. Sans doute avaient-ils conscience de réunir deux peuples tant de fois déchirés. Le souvenir du partage de Verdun, de la guerre de Trente Ans, des luttes franco-prussiennes, jusqu'aux deux conflits mondiaux avec leurs terribles conséquences, a sans doute dû planer dans l'atmosphère si particulière de cette journée du 14 septembre 1958.

Au matin, lorsque leurs chemins se sont séparés, peut-être ont-ils secrètement espéré que les conflits anciens ne ressurgissent pas de sitôt. Eux qui avaient tant souffert au cours de leur jeunesse puis – dans la force de l'âge – avaient tenté d'oublier leurs différences et les obstacles d'un lourd passé, ils savaient sans doute que les bases jetées dans cette maison, à flanc de colline, avaient permis d'écrire l'une des pages les plus fortes de notre histoire commune.

Annexes

Serments de Strasbourg
(Sacramenta Argentariae)
prononcés par Charles le Chauve et Louis le Germanique, et leurs troupes

(842)

Pour l'amour de Dieu et pour le peuple chrétien et notre commun salut, à partir de ce jour, autant que Dieu me donnera savoir et pouvoir, je défendrai mon frère Charles par mon aide et en toute chose, comme on doit de droit secourir son frère, pourvu qu'il fasse de même pour moi, et je ne prendrai jamais avec Lothaire aucun plaid qui, de ma volonté, soit dommageable à mon frère Charles.

Si Louis tient le serment qu'il jure à son frère Charles, et que Charles, mon seigneur, de son côté, ne le maintient pas, si je ne peux l'en détourner, ni moi ni aucun de ceux que j'en pourrai détourner, ne lui serons d'aucune aide contre Louis.

Bibliothèque nationale de France, Manuscrits, lat. 9768, fol. 13.

Procès de Jeanne d'Arc
(extraits)

Jean Beaupère. – Quand avez-vous commencé à ouïr ce que vous nommez vos voix ?

Jeanne. – Quand j'eus l'âge de treize ans, j'eus une voix de Dieu pour m'aider à me gouverner. Et la première fois, j'eus grand'peur. Et vint cette voix environ l'heure de midi, au temps de l'été, dans le jardin de mon père. Je n'avais pas jeûné la veille. J'ouïs la voix du côté droit vers l'église, et rarement je l'ouïs sans clarté. En vérité il y a clarté du côté où la voix est ouïe, il y a là communément une grande clarté. Quand je vins en France, souvent j'entendais cette voix. [...]

Jean Beaupère. – Comment était cette voix ?

Jeanne. – Il me semblait que c'était une digne voix, et je crois que cette voix était envoyée de par de Dieu. Lorsque j'eus ouï par trois fois cette voix, je connus que c'était la voix d'un ange. Cette voix m'a toujours bien gardée, et je comprenais bien cette voix.

Jean Beaupère. – Quel enseignement vous donnait cette voix pour le salut de votre âme ?

Jeanne. – Elle m'enseigna à me bien conduire, à fréquenter l'Église. Elle me dit qu'il était nécessaire que je vinsse en France.

Un assesseur. – Sous quelle forme cette voix vous est-elle apparue ?

Jeanne. – Vous n'aurez pas cela de moi, cette fois. Cette voix me disait, deux ou trois fois la semaine, qu'il fallait que je partisse et que je vinsse en France, et que mon père ne sût rien de mon départ. La voix me disait de venir en France, et je ne pouvais plus durer où j'étais. Cette voix me disait encore que je lèverais le siège mis devant la cité d'Orléans. Elle me dit en outre d'aller à Robert de Baudricourt, dans la ville de Vaucouleurs, et qu'il me baillerait des gens pour aller avec moi. Et alors je répondis que j'étais une pauvre fille qui ne savait monter à cheval ni mener la guerre. J'allai chez un mien oncle, et lui dis que je voulais demeurer quelque menu temps chez lui. Et j'y demeurai environ huit jours. Et je dis alors à mon oncle qu'il fallait que j'allasse en ladite ville de Vaucouleurs. Et mon oncle lui-même m'y mena. Quand je fus venue en ladite ville de Vaucouleurs, je reconnus Robert de Baudricourt encore que je ne l'eusse jamais vu auparavant. Je reconnus par cette voix ledit Robert, car la voix m'avait dit que c'était lui. Et je dis à Robert qu'il fallait que je vinsse en France. Robert par deux fois me repoussa et me refusa, et la tierce, il me reçut et me bailla des hommes. La voix m'avait dit ce qui arriverait. [...]

Jean Beaupère. – En quel habit étiez-vous, quand vous êtes partie de Vaucouleurs ? Où êtes-vous allée ?

Jeanne. – À mon départ de ladite ville de Vaucouleurs, étant en habit d'homme, portant une épée que m'avait baillée ledit Robert de Baudricourt, sans autres armes, accompagnée d'un chevalier, d'un écuyer, et de quatre serviteurs, je gagnai la ville de Saint-Urbain et passai la nuit en l'abbaye. En ce voyage, je passai par la ville d'Auxerre, et j'ouïs messe en la grande église. Alors j'avais fréquemment mes voix, avec celle dont j'ai déjà fait mention.

Jean Beaupère. – Par le conseil de qui avez-vous pris habit d'homme ?

Jeanne. – Passez outre.

Marcel Hébert, *Jeanne d'Arc a-t-elle abjuré ? Étude critique* précédée de *Jeanne d'Arc et ses voix* et *Jeanne d'Arc et les fées*, Paris, E. Nourry, 1914.

Testament de Léonard de Vinci
(extraits)

Qu'il soit manifeste à chacun, présente et à venir, qu'à la cour du roi notre seigneur à Amboise, devant nous personnellement constitué Messire Léonard de Vinci, peintre du roi, ici présent, demeurant à l'endroit dit du Cloux, près d'Amboise, lequel, considérant la certitude de la mort et l'incertitude de son heure, a reconnu et confessé [devant nous] dans ladite cour, à laquelle il a soumis et soumet ce qui suit :

Avoir fait et ordonné, par le contenu de la présente, son testament et l'ordre de ses dernières volontés en la manière qui suit.

D'abord il recommande son âme à Dieu notre Seigneur, à la glorieuse Vierge Marie, à Monseigneur saint Michel et à tous les bienheureux Anges, Saints et Saintes du Paradis.

Item, le testateur veut être enseveli dans l'église de Saint-Florentin d'Amboise et que son corps soit porté là par les Capucins de cette église.

Item, que son corps soit accompagné dudit lieu jusqu'à l'église Saint-Florentin par le collège de ladite église, à savoir le recteur et le prieur [ou] des vicaires et prêtres de l'église de Saint-Denis d'Amboise et avec eux les frères mineurs dudit lieu, et, avant que son corps soit porté à ladite église, ledit testateur veut que soient célébrées dans ladite église de Saint-Florentin trois grandes messes avec diacre et sous-diacre ; que, le même jour que les trois grandes messes susdites seront dites, l'on dise encore trente messes basses de saint Grégoire. [...]

Item le susdit testateur donne et accorde à messire Francesco Melzi, gentilhomme de Milan, en récompense des [gracieux] services par lui rendus dans le passé, tous [et chacun] les livres que ledit testateur possède présentement, ainsi que tout ce qui regarde son art et industrie de peintre [...].

Item, il veut qu'à ses obsèques il y ait soixante cierges, lesquels seront portés par soixante pauvres, auxquels il sera distribué de l'argent pour les avoir portés ; ce sera le susdit Melzi qui le leur distribuera à sa volonté ; ces cierges seront répartis entre les quatre églises ci-dessus nommées. [...]

Item ledit testateur veut et ordonne que ledit messire Francesco Melzi soit et reste seul exécuteur de son testament et que ledit testament soit révélé juste et entier, tel qu'il est narré et tenu de garder et observer. Le susdit Léonard de Vinci, testateur constitué, a obligé et oblige par ces présentes ses héritiers et successeurs de tous biens, meubles et immeubles, présents et à venir, et a renoncé par le présent acte à toute et à chaque disposition contraire.

Donné dans ledit lieu du Cloux en présence de maître Esprit Fleri, vicaire de l'église Saint-Denis à Amboise, M. Guglielmo Croyant, prêtre et capucin, maître Cyprien Fulchiu, le père François de Cortone et François de Milan, religieux du couvent des pères mineurs à Amboise [...], en présence du susdit messire Francesco Melzi, acceptant et consentant, lequel a promis par religion et serment de son corps [...].

Donné le XXIIIe jour d'avril MDXVIII, avant Pâques. [...]

***Le Testament de Léonard de Vinci*, présenté par Léon Vidal, Paris, s.d.**

Traité de paix des Pyrénées entre les couronnes de France et d'Espagne fait dans l'île des Faisans, le 7 novembre 1659

(extraits)

Convention entre les commissaires de France et d'Espagne, en exécution du quarante-deuxième article du Traité des Pyrénées, touchant les trente-trois villages de la comté de Cerdagne qui doivent demeurer au Roi de France, conclue à Livia le 12 novembre 1660 [...].

Pour plus grande et plus particulière déclaration et intelligence de l'intention que les deux Seigneurs Roys Très-Chrestien et Catholique ont euë et ont sur l'exécution de quelques articles du Traité général de la paix, qui a esté signée ce jourd'huy, dont il sera fait mention cy après ; il a esté convenu et accordé entre les Plénipotentiaires des deux Seigneurs Roys en vertu de leurs pouvoirs de faire les articles secrets ensuivans, qui auront la mesme force et vertu, que ledit Traité général, et seront de la mesme manière ratifiez par leurs Majestez et au mesme temps que ledit Traité de Paix.

1. En premier lieu, en cas que l'accommodement des différens qui sont aujourdhuy entre Sa Majesté Catholique et le présent régime d'Angleterre, ou, comme il est dit,

quelque autre que ce soit qui gouverne ce Royaume-là, Sa Majesté Très-Chrestienne s'oblige et promet en foy et parole de Roy, de ne donner audit Régime d'Angleterre, durant le cours de ladite guerre directement ny indirectement, aucune assistance d'hommes, d'armes, de vivres ny d'argent, ny levée de gens de guerre en ses Estatz, ny passage à celles des autres nations qu'on y pourroit conduire, ny en aucune manière que ce soit qui puisse préjudicier à Sadite Majesté Catholique. [...]

5. Il a esté convenu et accordé, entre lesdits Plénipotentiaires des deux Seigneurs Roys, que la Serenissime Infante d'Espagne, dame Marie-Thérèse accordée au Roy Très-Chrestien pour son espouse, arrivera aux frontières des deux Royaumes et entrera en France au plus tard dans le 25e jour d'Avril de l'année prochaine 1660. Et comme par le Traité général, il est porté que les places et ports de Roses, Capdaguez et fort de la Trinité, ne devront estre rendus à Sa Majesté Catholique que le cinquiesme jour du mois de May de l'année 1660. Il a esté pareillement convenu et accordé qu'afin que le Seigneur Roy Catholique ayt plus de seureté de la restitution desdites places de Roses, Capdaguez et fort de la Trinité. Sa Majesté Très-Chrestienne, au mesme temps et jour, que ladite dame Infante luy sera remise sur la rivière Bidassoa, mestra au mesme instant entre les mains de Sa Majesté Catholique, sur la mesme rivière, deux otages telz que l'on en conviendra pour demeurer dans ses Etatz (où ilz seront bien et honorablement tenus ainsi qu'il conviendra à leurs qualitez) ; laquelle restitution de Roses, Capdaguez et fort de la Trinité étant faite et réellement accomplie, lesdits

otages seront rendus et mis en liberté de bonne foy et sans délay. [...]

Faict le septiesme novembre mil six cent cinquante-neuf.

Fait et conclu à Livia le douziéme jour du mois de Novembre de l'année 1660.

Signé. Hyacinte Serroni, Evesque d'Otange, et don Miquel de Calba et Vallgornera.

J. du Mont, baron de Carels-Croon, *Corps universel diplomatique du droit des gens, contenant un recueil des traités d'alliance, de paix, de trêve, de neutralité, de commerce, d'échange...*, Amsterdam, P. Husson et Charles Levier, 1728.

Vie de Napoléon, par Stendhal (extraits)

Les routes étaient exécrables à cause de la neige fondante. [...] Le 6 [mars 1815], l'empereur coucha à Gap et le général Cambronne avec son avant-garde de quarante hommes à La Mure. Là, l'avant-garde de la garnison de Grenoble, forte de six cents hommes, refusa les pourparlers avec le général Cambronne. [...]

Les soldats étaient silencieux et immobiles. Il sembla un instant, lorsqu'ils virent approcher la troupe de Napoléon, qu'ils voulaient coucher en joue leurs fusils. Napoléon fit arrêter ses grenadiers, s'avança tranquillement et tout seul jusqu'au bataillon. Quand il fut très près de la ligne, il s'arrêta court, jeta sur eux un regard tranquille et, ouvrant sa redingote, s'écria : « C'est moi, reconnaissez-moi. S'il y a parmi vous un soldat qui veuille tuer son empereur, qu'il fasse feu, voilà le moment. »

Ils furent vaincus en un instant et au milieu des cris redoublés de Vive l'empereur, se précipitèrent dans les bras des soldats de la garde. [...]

Grenoble est une mauvaise place que l'on ne conserve que pour approvisionner d'artillerie la chaîne des Alpes, au milieu desquelles elle se trouve placée. Elle n'a qu'un mur terrassé du côté de la plaine, haut d'une vingtaine de pieds avec un petit ruisseau qui coule au-devant. C'est avec cette fortification ridicule que, quelques mois après, les habitants livrés à eux-mêmes ont tué douze cents hommes à l'armée piémontaise toute composée de soldats de Napoléon.

Lorsque ce grand homme s'en approcha le 7 mars, toute la garnison était rangée sur le rempart terrassé au milieu duquel est pratiquée la porte de Rome qui répond au chemin de Vizille. Les canons étaient chargés, les mèches allumées, la garde nationale était rangée derrière la garnison pour lui servir de réserve.

La porte de Bonne fut fermée à huit heures et demie. Comme Napoléon entrait dans le petit faubourg de Saint-Joseph, Jermanowski se présenta à la porte de Bonne à la tête de huit lanciers polonais. Le colonel demanda les clés ; on lui répondit qu'elles étaient chez le général Marchand. Le colonel parla aux soldats qui ne répondaient pas. Napoléon arriva bientôt sur le petit pont qui est devant les portes. Il resta là assis sur un chasse-roue plus de trois quarts d'heure. [...]

Comme les portes ne s'ouvraient pas, les habitants du faubourg apportèrent des poutres et, aidés par les habitants de la ville, enfoncèrent cette porte qui se trouva très solide, Grenoble ayant été sur le point de soutenir un siège un an auparavant. Comme la porte tombait, les clés arrivèrent. Les huit lanciers trouvèrent en entrant une foule d'habitants qui se précipitaient avec des torches allumées au-devant de Napoléon qui, un instant après, entra à pied et seul à vingt pas en avant de ses gens. [...]

La foule se jeta autour de lui. Ils le regardaient, ils saisissaient ses mains et ses genoux, baisaient ses habits, voulaient au moins les toucher ; rien ne pouvait mettre un frein à leurs transports. Napoléon n'était pas le représentant de son propre gouvernement, mais d'un gouvernement contraire à celui des Bourbons. On voulait le loger à l'hôtel de ville, mais il choisit une auberge tenue par un ancien soldat de son armée d'Égypte, nommé Monsieur Labarre. Là son état-major le perdit absolument de vue ; au bout d'une demi-heure Jermanowski et Bertrand réussirent enfin, en employant toutes leurs forces, à pénétrer dans la chambre où ils le trouvèrent environné de gens qui paraissaient fous tant l'enthousiasme et l'amour leur faisaient oublier les plus simples égards qu'on emploie ordinairement pour ne pas étouffer les gens. Ses officiers parvinrent pour un moment à faire évacuer la chambre ; ils plaçaient des tables et des chaises derrière la porte pour prévenir une seconde invasion, mais ce fut en vain. La foule parvint à entrer une seconde fois, et l'empereur resta deux heures, perdu au milieu d'eux, sans être gardé par le moindre soldat. Il pouvait mille fois être mis à mort si, parmi les royalistes ou les prêtres, il y avait eu un seul homme de courage. Peu après, une foule de peuple apporta la porte de Bonne sous les fenêtres de son auberge. Ils s'écriaient : « Napoléon, nous n'avons pas pu vous offrir les clés de votre bonne ville de Grenoble, mais voici les portes. »

Stendhal, *Vie de Napoléon*, Paris, Calmann-Lévy, 1876.

Convention relative à la reddition de la place de Belfort, conclue à Pérouse le 16 février 1871, à 4 heures après midi

Entre MM. Denfert-Rochereau, colonel du génie, commandant supérieur de Belfort, et de Tresckow, lieutenant-général de S.M. le roi de Prusse, commandant en chef de l'armée assiégeante de Belfort.

Il a été convenu ce qui suit :

1° Le colonel Denfert, sur l'autorisation spéciale qui lui a été donnée, vu les circonstances, par le gouvernement français, remet au lieutenant-général de Tresckow la place avec ses forts.

2° La garnison, en raison de sa valeureuse défense, sortira librement, avec les honneurs de la guerre, et elle emmènera les aigles, drapeaux, armes, chevaux, équipages et appareils de télégraphie militaire qui lui appartiennent spécialement, ainsi que les bagages des officiers et ceux des soldats, et enfin les archives de la place. La garnison comprend les troupes de ligne, la garde nationale mobile et la garde nationale mobilisée, les douaniers et la gendarmerie. La garde nationale sédentaire restera à Belfort et remettra ses armes à la mairie avant la remise de la place.

3° Tout le matériel de guerre, les vivres et les munitions, en tant qu'ils ne sont pas, sans conteste, nécessaires à la garnison, et de plus, les approvisionnements de toute nature de la place et les propriétés de l'État en entier seront remis, dans l'état où ils se trouvent au moment de la signature de la présente convention. Cette remise sera effectuée par une commission à nommer par le commandant de la place. Elle aura lieu le 18 février à 10 heures du matin.

4° Le 18 février, à 10 heures du matin, des officiers allemands d'artillerie et du génie seront introduits dans les forts et le Château, pour prendre possession des magasins à poudre et des vivres, en présence d'officiers français des mêmes armes.

5° La garnison française devra avoir terminé l'évacuation de la place le 18, à midi, heure à laquelle les troupes allemandes en prendront possession. L'ordre de marche sera réglé dans une pièce annexe.

6° Les blessés et les malades restant dans la place seront, dès leur rétablissement, menés par convois jusqu'à la ligne de démarcation la plus voisine ; ils emporteront leurs armes. Ceux qui seront impropres au service militaire seront envoyés dans leurs foyers.

7° La garnison laissera dans la place les médecins et les infirmiers nécessaires au service des hôpitaux. Ce personnel sera traité suivant les conditions de la convention de Genève.

8° Les prisonniers allemands, soit blessés ou non, qui sont internés à Belfort, au nombre de 1 officiers et 243 hommes, seront remis aux troupes allemandes le 18 février à 10 heures du matin, dans leurs casernements actuels.

9° La propriété privée des officiers qui quittent la forteresse, sera respectée au même titre que le reste des propriétés particulières.

10° Le colonel Denfert fera remettre au lieutenant-général de Tresckow, aussitôt que possible, une situation d'effectif des troupes qui quittent la place, pour permettre le règlement de l'ordre de marche ; et les commissions chargées de la remise des malades des deux nations et des prisonniers devront être munies de situations semblables.

11° L'administration allemande favorisera de tout son pouvoir l'apport de vivres et de secours pour les habitants de la ville, ainsi que la venue de médecins du dehors.

La présente convention a été rédigée et signée par les officiers dont les noms suivent :

Du côté français, MM. Chapelot, chef de bataillon au 84e régiment d'infanterie de ligne, et Krafft, capitaine du génie auxiliaire ;

Du côté allemand, MM. de Laue, major et commandant de bataillon au 4e régiment d'infanterie de Magdebourg n° 67, et de Schultzendorf, capitaine d'état-major ;

Tous munis de pouvoirs réguliers de leurs chefs respectifs.

Fait en double original en chacune des deux langues.

Signé :
Chapelot, chef de bataillon au 84e de ligne.
V. Krafft, capitaine du génie auxiliaire.

Signé :
De Laue, chef de bataillon au 67e de ligne.
De Schultzendorf, capitaine d'état-major.

Jules Favre, *Gouvernement de la Défense nationale, 3, du 29 janvier au 22 juillet 1871*, Paris, E. Plon, 1872-1876.

Bibliographie classée par chapitre

Chapitre 1 : Les Phocéens s'installent à Marseille

BATS, Michel, « Les Phocéens, Marseille et la Gaule (VIIe-IIIe s. avant J.-C.) », *Pallas*, n° 89, 2012.

Chapitre 2 : L'autonomie de Lyon sous l'empereur Claude

Léopold, NIEPCE, *Lyon militaire. Notes et documents pour servir à l'histoire de cette ville depuis ses origines jusqu'à nos jours*, préface d'Aimé Vingtrinier, Lyon, Bernoux et Cumin, 1897.

Chapitre 3 : Sainte Geneviève sauve Paris

L., F.-J., *Sainte Geneviève, patronne de Paris et de la France*, Lille, 1890.

Chapitre 4 : Le baptême de Clovis à Reims

ROUCHE, Michel, *Clovis*, Paris, Fayard, 1996.

Michel SOT, « Le baptême de Clovis et l'entrée des Francs en romanité », *Bulletin de l'Association Guillaume Budé*, n° 1, mars 1996.

Chapitre 5 : Dagobert s'unit à Gomatrude au palais de Clichy

LECANU, Auguste-François, *Histoire de Clichy-la-Garenne*, Paris, imprimerie de Poussielgue, 1848.

Chapitre 6 : La victoire de Charles Martel à Poitiers

RICHARD, Jules, *Moussay-la-Bataille. Récit d'une visite faite sur les lieux où s'est livrée la bataille entre Charles Martel et les Sarrazins, octobre 732*, 1853.

Chapitre 7 : Verdun et l'héritage de Charlemagne

HALPHEN, Louis, *Charlemagne et l'Empire carolingien*, Paris, Albin Michel, « L'évolution de l'humanité », 1979.

SCHLEITER, V., « La guerre des trois frères et le traité de Verdun », *Mémoires de la société philomathique de Verdun (Meuse)*, t. XVII, Verdun, Imprimerie et librairie de René Marchal éditeur, 1931.

Chapitre 8 : Compiègne, demeure des rois depuis Louis II Le Bègue

MERMET, J.-E., *Essais historiques sur les cantons d'Attichy, Compiègne, Estrées-Saint-Denis et Guiscard,* Compiègne, Imprimerie du Progrès de l'Oise, 1907.

Chapitre 9 : Guillaume le conquérant s'impose près de Caen

CAILLEUX, Alphonse de, NODIER, Charles, TAYLOR, Justin, *Voyages pittoresques et romantiques dans l'ancienne France,* Paris, Gide fils, 1820-1878.

LE COINTE, Charles Edmond Prudent, *Conspiration des barons normands contre Guillaume-le-Bâtard, duc de Normandie et bataille du Val-des-Dunes en 1047,* E. Le Gost-Clérisse, 1868.

Chapitre 10 : Aliénor d'Aquitaine est couronnée reine à Bourges

GUIONY, Jean, *L'Auta : que bufo un cop cado més. Organe de la société les Toulousains de Toulouse et amis du vieux Toulouse,* Toulouse, 2001.

VERSEUIL, Jean, *Aliénor et les siens,* Paris, Criterion, 1991.

Chapitre 11 : La conquête de Bordeaux par Philippe le Bel

LANGLOIS, Charles-Victor, *Saint Louis, Philippe le Bel. Les derniers Capétiens directs : 1226-1328*, Paris, Tallandier, 1978.

LARREY, Isaac de, *L'Héritière de Guyenne, ou Histoire d'Éléonor, fille de Guillaume, dernier duc de Guyenne, femme de Louis VII, roy de France et ensuite de Henri II, roy d'Angleterre...*, Rotterdam, R. Leers, 1691.

RIBADIEU, Henry, *Histoire de la conquête de la Guyenne par les Français, de ses antécédents et de ses suites*, Bordeaux, Paul Chaumas, 1866.

Chapitre 12 : Philippe le Hardi prend possession de Dijon

BRUGIÈRE DE BARANTE, Prosper, *Histoire des ducs de Bourgogne de la Maison de Valois, 1364-1477*, t. I, Paris, Ladvocat, 1826.

Chapitre 13 : Jeanne d'Arc délivre Orléans

FABRE, Mgr Antonin, *Étude sur Jeanne d'Arc*, Paris, Paul Chéronnet et Albert Dubourg, 1912.

Chapitre 14 : La mort de Charles le Téméraire à Nancy

TOUTEY, Émile, *Charles le Téméraire et la ligue de Constance*, Paris, Librairie Hachette, 1902.

Chapitre 15 : Anne de Bretagne devient reine à Plessis-lèz-Tours

LACROIX, Paul, *Louis XII et Anne de Bretagne. Chronique de l'histoire de France, ouvrage illustré,* Paris, G. Hurtrel, 1882.

Chapitre 16 : Léonard de Vinci s'éteint à Amboise

COLEMAN, Marguerite, *Amboise et Léonard de Vinci à Amboise,* préface de Pierre de Nolhac, Tours, Impr. Arrault et Cie, 1932.

Chapitre 17 : François Ier lance la conquête du Canada au Mont-Saint-Michel

AMORY DE LANGERACK, Joséphine, *Le Mont-Saint-Michel, son histoire et sa légende,* 5e édition, Paris, 1893.

CARTIER, Jacques, *Relation originale du voyage au Canada en 1534,* documents inédits publiés par H. Michelant et A. Ramé, Paris, Librairie Tross, 1867.

Chapitre 18 : L'assassinat du duc de Guise à Blois

LA SAUSSAYE, Louis de, *Notice sur le château de Blois,* 4e édition revue, augmentée et illustrée, Blois, 1877.

Chapitre 19 : La Rochelle rend les armes face à Richelieu

CAHU, Théodore, *Richelieu*, avant-propos de Gabriel Hanotaux, Paris, Boivin et Cie, 1909.

JURIEN DE LA GRAVIÈRE, Edmond, *Le siège de La Rochelle. Les origines de la marine française et la tactique naturelle*, Paris, Firmin-Didot et Cie, 1891.

Chapitre 20 : Louis XIV épouse Marie-Thérèse à Saint-Jean-de-Luz

BONNEAU, Pierre, « L'île des Faisans, un théâtre frontalier sur la Bidassoa », *Le Blog Gallica*, 11 septembre 2019, en ligne.

COUTON, Georges, « Corneille en 1660 », *XVIIe siècle. Revue publiée par la Société d'étude du XVIIe siècle avec le concours du Centre national de la recherche scientifique et de la Direction générale des arts et des lettres*, Paris, 1961.

Chapitre 21 : La prise de Lille par Vauban

POULLIN, Marcel, *Vauban. L'ingénieur, l'économiste*, Limoges, Eugène Ardant et Cie, 1891.

THIÉRY, Maurice, *Le Siège de Lille en 1792, précédé de ceux de 1667 et 1708*, Paris, E. Lechevalier, 1892.

Chapitre 22 : La miraculeuse guérison de Louis XV à Metz

PETITFILS, Jean-Christian, *Louis XV*, Paris, Perrin, « Tempus », 2018.

Chapitre 23 : Marie-Antoinette quitte Versailles

BERLY, Cécile, *Marie-Antoinette*, Paris, Puf, « Biographies », 2020.

Chapitre 24 : Napoléon reçoit les portes de Grenoble

STENDHAL, *Vie de Napoléon*, Paris, Calmann-Lévy, 1876.

Chapitre 25 : La visite officielle de Napoléon III à Nice

SAINT-GERMAIN, Marie de, *Relation du voyage de LL. MM. l'Empereur et l'Impératrice à Nice (12 et 13 septembre 1860)*, Nice, Imprimerie Canis frères, 1860.

Chapitre 26 : Le colonel Denfert protège Belfort

PRINSAC, Stanislas de, *Le Colonel Denfert à Belfort*, Paris, Librairie militaire de J. Dumaine / Besançon, Librairie de Charles Marion, 1878.

Chapitre 27 : Strasbourg accueille Clemenceau

MILLERAND, Alexandre, *Le Retour de l'Alsace-Lorraine à la France*, avec une introduction par Eugène Petit, Paris, Fasquelle éditeur, 1923.

Chapitre 28 : Ajaccio est libérée par le général Giraud

« La Corse libérée par les Corses », *Libération. Organe des mouvements unis de résistance*, Paris, novembre 1943, nº 4, p. 1.

Chapitre 29 : De Gaulle et Adenauer se rencontrent à Colombey

BLED, Jean-Paul (dir.), *De Gaulle. L'homme du siècle*, Paris, Cerf, 2020.

Table des matières

Composition et mise en pages
Nord Compo à Villeneuve-d'Ascq

Achevé d'imprimer en août 2023
sur les presses de Normandie Roto Impression s.a.s.
61250 Lonrai
N° d'impression : 2303207

Imprimé en France

PEFC
10-31-2541
Certifié PEFC
Ce produit est issu de forêts gérées durablement et de sources contrôlées
www.pefc-france.org